TRANZLATY

El idioma es para todos

Język jest dla każdego

El Manifiesto Comunista

Manifest Komunistyczny

Karl Marx
&
Friedrich Engels

Español / Polsku

Copyright © 2025 Tranzlaty

All rights reserved.

Published by Tranzlaty

ISBN: 978-1-80572-436-0

Original text by Karl Marx and Friedrich Engels

The Communist Manifesto

First published in 1848

www.tranzlaty.com

Introducción
Wprowadzenie

Un fantasma acecha a Europa: el fantasma del comunismo
Widmo krąży nad Europą – widmo komunizmu

Todas las potencias de la vieja Europa han entrado en una santa alianza para exorcizar este fantasma
Wszystkie mocarstwa starej Europy zawarły święte przymierze, aby wypędzić to widmo

El Papa y el Zar, Metternich y Guizot, los radicales franceses y los espías de la policía alemana
Papież i car, Metternich i Guizot, francuscy radykałowie i niemieccy szpiedzy policyjni

¿Dónde está el partido en la oposición que no ha sido tachado de comunista por sus adversarios en el poder?
Gdzie jest partia opozycyjna, która nie została potępiona jako komunistyczna przez swoich przeciwników u władzy?

¿Dónde está la Oposición que no haya devuelto el reproche de marca al comunismo contra los partidos de oposición más avanzados?
Gdzie jest opozycja, która nie odrzuciła piętnującego hańby komunizmu przeciwko bardziej zaawansowanym partiom opozycyjnym?

¿Y dónde está el partido que no ha hecho la acusación contra sus adversarios reaccionarios?
A gdzież jest partia, która nie wysunęła oskarżenia przeciwko swoim reakcyjnym przeciwnikom?

Dos cosas resultan de este hecho
Z tego faktu wynikają dwie rzeczy

I. El comunismo es ya reconocido por todas las potencias europeas como una potencia en sí misma
I. Komunizm jest już uznawany przez wszystkie mocarstwa europejskie za mocarstwo

II. Ya es hora de que los comunistas publiquen abiertamente, a la vista de todo el mundo, sus puntos de vista, sus objetivos y sus tendencias

II. Najwyższy czas, aby komuniści otwarcie, w obliczu całego świata, ogłosili swoje poglądy, cele i tendencje
deben hacer frente a este cuento infantil del Espectro del Comunismo con un Manifiesto del propio partido
muszą spotkać się z tą dziecinną opowieścią o Widmie Komunizmu z Manifestem samej partii
Con este fin, comunistas de diversas nacionalidades se han reunido en Londres y han esbozado el siguiente Manifiesto
W tym celu komuniści różnych narodowości zebrali się w Londynie i naszkicowali następujący Manifest
El presente manifiesto se publicará en inglés, francés, alemán, italiano, flamenco y danés
manifest ten ma zostać opublikowany w językach angielskim, francuskim, niemieckim, włoskim, flamandzkim i duńskim
Y ahora se publicará en todos los idiomas que ofrece Tranzlaty
A teraz ma się ukazać we wszystkich językach, jakie oferują Tranzlaty

La burguesía y los proletarios
Burżuazja i proletariusze

La historia de todas las sociedades existentes hasta ahora es la historia de las luchas de clases

Historia wszystkich dotychczasowych społeczeństw jest historią walk klasowych

Hombre libre y esclavo, patricio y plebeyo, señor y siervo, maestro de gremio y oficial

Wolny i niewolnik, patrycjusz i plebejusz, pan i chłop pańszczyźniany, mistrz cechu i czeladnik

en una palabra, opresor y oprimido

Jednym słowem ciemiężyciel i uciśniony

Estas clases sociales estaban en constante oposición entre sí

Te klasy społeczne stały w nieustannej opozycji do siebie

Llevaron a cabo una lucha ininterrumpida. Ahora oculto, ahora abierto

Prowadzili nieprzerwaną walkę. Teraz ukryte, teraz otwarte

una lucha que terminó en una reconstitución revolucionaria de la sociedad en general

walka, która albo zakończyła się rewolucyjną rekonstytucją całego społeczeństwa

o una lucha que terminó en la ruina común de las clases contendientes

lub walka, która zakończyła się wspólną ruiną walczących klas

Echemos la vista atrás a las épocas anteriores de la historia

Wróćmy do wcześniejszych epok historii

Encontramos casi en todas partes una complicada organización de la sociedad en varios órdenes

Prawie wszędzie spotykamy się ze skomplikowanym porządkiem społeczeństwa w rozmaite porządki

Siempre ha habido una múltiple gradación de rango social

Zawsze istniała wieloraka gradacja rangi społecznej

En la antigua Roma tenemos patricios, caballeros, plebeyos, esclavos

W starożytnym Rzymie mamy patrycjuszy, rycerzy, plebejuszy, niewolników

en la Edad Media: señores feudales, vasallos, maestros de gremios, oficiales, aprendices, siervos

w średniowieczu: panowie feudalni, wasale, mistrzowie cechowi, czeladnicy, czeladnicy, chłopi pańszczyźniani

En casi todas estas clases, de nuevo, las gradaciones subordinadas

Prawie we wszystkich tych klasach, znowu, stopniowanie podrzędne

La sociedad burguesa moderna ha brotado de las ruinas de la sociedad feudal

Współczesne społeczeństwo burżuazyjne wyrosło na gruzach społeczeństwa feudalnego

Pero este nuevo orden social no ha eliminado los antagonismos de clase

Ale ten nowy porządek społeczny nie usunął przeciwieństw klasowych

No ha hecho más que establecer nuevas clases y nuevas condiciones de opresión

Ustanowiła ona jedynie nowe klasy i nowe warunki ucisku

Ha establecido nuevas formas de lucha en lugar de las antiguas

Ustanowiła nowe formy walki w miejsce starych

Sin embargo, la época en la que nos encontramos posee un rasgo distintivo

Epoka, w której się znajdujemy, ma jednak jedną charakterystyczną cechę

la época de la burguesía ha simplificado los antagonismos de clase

epoka burżuazji uprościła przeciwieństwa klasowe

La sociedad en su conjunto se divide cada vez más en dos grandes campos hostiles

Społeczeństwo jako całość coraz bardziej dzieli się na dwa wielkie, wrogie obozy

dos grandes clases sociales enfrentadas directamente: la burguesía y el proletariado

dwie wielkie klasy społeczne naprzeciw siebie: burżuazja i proletariat

De los siervos de la Edad Media surgieron los burgueses de las primeras ciudades

Z chłopów pańszczyźnianych średniowiecza wywodzili się prawdziwi mieszczanie pierwszych miast

A partir de estos burgueses se desarrollaron los primeros elementos de la burguesía

Z tych mieszczan rozwinęły się pierwsze elementy burżuazji

El descubrimiento de América y el doblamiento del Cabo

Odkrycie Ameryki i okrążenie Przylądka

estos acontecimientos abrieron un nuevo terreno para la burguesía en ascenso

Wydarzenia te otworzyły nowe pole dla rosnącej burżuazji

Los mercados de las Indias Orientales y China, la colonización de América, el comercio con las colonias

Rynki wschodnioindyjskie i chińskie, kolonizacja Ameryki, handel z koloniami

el aumento de los medios de cambio y de las mercancías en general

wzrost środków wymiany i towarów w ogóle

Estos acontecimientos dieron al comercio, a la navegación y a la industria un impulso nunca antes conocido

Wydarzenia te dały handlowi, żegludze i przemysłowi impuls nigdy wcześniej nie znany

Dio un rápido desarrollo al elemento revolucionario en la tambaleante sociedad feudal

Dało to szybki rozwój rewolucyjnemu elementowi w chwiejącym się społeczeństwie feudalnym

Los gremios cerrados habían monopolizado el sistema feudal de producción industrial

Zamknięte gildie zmonopolizowały feudalny system produkcji przemysłowej

Pero esto ya no bastaba para satisfacer las crecientes necesidades de los nuevos mercados

To już jednak nie wystarczało na zaspokojenie rosnących potrzeb nowych rynków

El sistema manufacturero sustituyó al sistema feudal de la industria

System wytwórczy zajął miejsce feudalnego systemu przemysłowego

Los maestros de gremio fueron empujados a un lado por la clase media manufacturera

Mistrzowie cechowi zostali zepchnięci na bok przez produkcyjną klasę średnią

La división del trabajo entre los diferentes gremios corporativos desapareció

Podział pracy między różnymi gildiami korporacyjnymi zniknął

La división del trabajo penetraba en cada uno de los talleres

Podział pracy przenikał każdy warsztat

Mientras tanto, los mercados seguían creciendo y la demanda seguía aumentando

Tymczasem rynki stale rosły, a popyt stale rósł

Ni siquiera las fábricas bastaban para satisfacer las demandas

Nawet fabryki nie były już w stanie sprostać wymaganiom

A partir de entonces, el vapor y la maquinaria revolucionaron la producción industrial

W ten sposób para i maszyny zrewolucjonizowały produkcję przemysłową

El lugar de la manufactura fue ocupado por el gigante, la Industria Moderna

Miejsce produkcji zajął gigant, Nowoczesny Przemysł

El lugar de la clase media industrial fue ocupado por millonarios industriales

miejsce przemysłowej klasy średniej zajęli przemysłowi milionerzy

el lugar de los jefes de ejércitos industriales enteros fue ocupado por la burguesía moderna
miejsce przywódców całych armii przemysłowych zajęła współczesna burżuazja
el descubrimiento de América allanó el camino para que la industria moderna estableciera el mercado mundial
odkrycie Ameryki utorowało drogę nowoczesnemu przemysłowi do ustanowienia rynku światowego
Este mercado dio un inmenso desarrollo al comercio, la navegación y la comunicación por tierra
Rynek ten przyczynił się do ogromnego rozwoju handlu, żeglugi i komunikacji lądowej
Este desarrollo ha repercutido, en su momento, en la extensión de la industria
Rozwój ten w swoim czasie był reakcją na rozwój przemysłu
Reaccionó en proporción a cómo se extendía la industria, y cómo se extendían el comercio, la navegación y los ferrocarriles
Reakcja była proporcjonalna do tego, jak rozwijał się przemysł, jak rozwijał się handel, żegluga i koleje
en la misma proporción en que la burguesía se desarrolló, aumentó su capital
W takim samym stopniu, w jakim rozwijała się burżuazja, pomnażała swój kapitał
y la burguesía relegó a un segundo plano a todas las clases heredadas de la Edad Media
a burżuazja zepchnęła na dalszy plan każdą klasę przekazaną od średniowiecza
por lo tanto, la burguesía moderna es en sí misma el producto de un largo curso de desarrollo
dlatego też współczesna burżuazja sama jest wytworem długiego toku rozwoju
Vemos que es una serie de revoluciones en los modos de producción y de intercambio
Widzimy, że jest to seria rewolucji w sposobach produkcji i wymiany

Cada paso de la burguesía desarrollista iba acompañado de un avance político correspondiente
Każdemu rozwojowemu krokowi burżuazji towarzyszył odpowiadający mu postęp polityczny
Una clase oprimida bajo el dominio de la nobleza feudal
Klasa uciskana pod władzą feudalnej szlachty
una asociación armada y autónoma en la comuna medieval
Zbrojne i samorządne stowarzyszenie w średniowiecznej komunie
aquí, una república urbana independiente (como en Italia y Alemania)
tutaj niepodległa republika miejska (jak we Włoszech i Niemczech)
allí, un "tercer estado" imponible de la monarquía (como en Francia)
tam podlegający opodatkowaniu "trzeci stan" monarchii (jak we Francji)
posteriormente, en el período de fabricación propiamente dicho
Następnie, w okresie produkcji właściwej
la burguesía servía a la monarquía semifeudal o a la monarquía absoluta
burżuazja służyła albo monarchii półfeudalnej, albo absolutnej
o la burguesía actuaba como contrapeso contra la nobleza
albo burżuazja działała jako przeciwwaga dla szlachty
y, de hecho, la burguesía era una piedra angular de las grandes monarquías en general
i w rzeczywistości burżuazja była kamieniem węgielnym wielkich monarchii w ogóle
pero la industria moderna y el mercado mundial se establecieron desde entonces
ale od tego czasu ugruntował się nowoczesny przemysł i rynek światowy
y la burguesía ha conquistado para sí el dominio político exclusivo
a burżuazja zdobyła dla siebie wyłączną władzę polityczną

logró esta influencia política a través del Estado representativo moderno
osiągnął ten polityczny wpływ poprzez nowoczesne państwo przedstawicielskie

Los ejecutivos del Estado moderno no son más que un comité de gestión
Władza wykonawcza współczesnego państwa jest tylko komitetem zarządzającym

y manejan los asuntos comunes de toda la burguesía
i kierują wspólnymi sprawami całej burżuazji

La burguesía, históricamente, ha desempeñado un papel muy revolucionario
Burżuazja, historycznie rzecz biorąc, odegrała najbardziej rewolucyjną rolę

Dondequiera que se impuso, puso fin a todas las relaciones feudales, patriarcales e idílicas
Wszędzie tam, gdzie zdobywała przewagę, kładła kres wszelkim feudalnym, patriarchalnym i idyllicznym stosunkom

Ha roto sin piedad los abigarrados lazos feudales que unían al hombre con sus "superiores naturales"
Bezlitośnie rozdarła pstrokate feudalne więzy, które wiązały człowieka z jego "naturalnymi zwierzchnikami"

y no ha dejado ningún nexo entre el hombre y el hombre, más allá del puro interés propio
Nie pozostał też żaden związek między człowiekiem a człowiekiem, poza czystym interesem własnym

Las relaciones del hombre entre sí se han convertido en nada más que un cruel "pago en efectivo"
Wzajemne relacje między ludźmi stały się niczym więcej niż bezduszną "zapłatą gotówką"

Ha ahogado los éxtasis más celestiales del fervor religioso
Zagłuszyła najbardziej niebiańskie ekstazy religijnego zapału

ha ahogado el entusiasmo caballeresco y el sentimentalismo filisteo
Utopiła rycerski entuzjazm i filisterski sentymentalizm

ha ahogado estas cosas en el agua helada del cálculo egoísta

utopiła te rzeczy w lodowatej wodzie egoistycznych kalkulacji

Ha resuelto el valor personal en valor de cambio

Przekształciła osobistą wartość w wartość wymienną

Ha sustituido a las innumerables e imprescriptibles libertades estatutarias

Zastąpiła ona niezliczone i nienaruszalne wolności statutowe

y ha establecido una libertad única e inconcebible; Libre cambio

i ustanowił jedną, niepojętą wolność; Wolny handel

En una palabra, lo ha hecho para la explotación

Jednym słowem, zrobił to dla wyzysku

explotación velada por ilusiones religiosas y políticas

wyzysk zasłaniany iluzjami religijnymi i politycznymi

explotación velada por una explotación desnuda, desvergonzada, directa, brutal

wyzysk ukryty pod nagim, bezwstydnym, bezpośrednim, brutalnym wyzyskiem

la burguesía ha despojado de la aureola a todas las ocupaciones anteriormente honradas y veneradas

burżuazja zdarła aureolę z każdego poprzednio zaszczytnego i szanowanego zawodu

el médico, el abogado, el sacerdote, el poeta y el hombre de ciencia

Lekarz, prawnik, ksiądz, poeta i człowiek nauki

Ha convertido a estos distinguidos trabajadores en sus trabajadores asalariados

Przekształciła tych wybitnych robotników w swoich płatnych robotników najemnych

La burguesía ha rasgado el velo sentimental de la familia

Burżuazja zdarła z rodziny sentymentalną zasłonę

y ha reducido la relación familiar a una mera relación monetaria

i zredukował stosunek rodzinny do zwykłej relacji pieniężnej

el brutal despliegue de vigor en la Edad Media que tanto admiran los reaccionarios

brutalny pokaz wigoru w średniowieczu, który reakcjoniści
tak bardzo podziwiają

**Aun esto encontró su complemento adecuado en la más
perezosa indolencia**

Nawet to znalazło swoje odpowiednie dopełnienie w
najbardziej leniwym lenistwie

La burguesía ha revelado cómo sucedió todo esto

Burżuazja ujawniła, jak do tego wszystkiego doszło

**La burguesía ha sido la primera en mostrar lo que la
actividad del hombre puede producir**

Burżuazja jako pierwsza pokazała, do czego może
doprowadzić działalność człowieka

**Ha logrado maravillas que superan con creces las pirámides
egipcias, los acueductos romanos y las catedrales góticas**

Dokonał cudów znacznie przewyższających egipskie
piramidy, rzymskie akwedukty i gotyckie katedry

**y ha llevado a cabo expediciones que han hecho sombra a
todos los antiguos Éxodos de naciones y cruzadas**

i przeprowadził ekspedycje, które położyły cień na wszystkich
dawnych Exodusach narodów i krucjatach

**La burguesía no puede existir sin revolucionar
constantemente los instrumentos de producción**

Burżuazja nie może istnieć bez ciągłego rewolucjonizowania
narzędzi produkcji

**y, por lo tanto, no puede existir sin sus relaciones con la
producción**

a zatem nie może istnieć bez swoich związków z produkcją

**y, por lo tanto, no puede existir sin sus relaciones con la
sociedad**

i dlatego nie może istnieć bez swoich relacji ze
społeczeństwem

**Todas las clases industriales anteriores tenían una condición
en común**

Wszystkie wcześniejsze klasy przemysłowe miały jeden
wspólny warunek

Confiaban en la conservación de los antiguos modos de
producción

Opierały się one na zachowaniu starych sposobów produkcji

pero la burguesía trajo consigo una dinámica completamente
nueva

ale burżuazja przyniosła ze sobą zupełnie nową dynamikę

Revolucionar constantemente la producción y perturbar
ininterrumpidamente todas las condiciones sociales

Nieustanne rewolucjonizowanie produkcji i nieprzerwane
zakłócanie wszystkich warunków społecznych

esta eterna incertidumbre y agitación distingue a la época
burguesa de todas las anteriores

ta wieczna niepewność i wzburzenie odróżnia epokę
burżuazji od wszystkich wcześniejszych

Las relaciones previas con la producción vinieron
acompañadas de antiguos y venerables prejuicios y
opiniones

Poprzednie związki z produkcją wiązały się ze starożytnymi i
czcigodnymi uprzedzeniami i opiniami

Pero todas estas relaciones fijas y congeladas son barridas

Ale wszystkie te stałe, szybko zamrożone relacje zostają
zmiecione

Todas las relaciones recién formadas se vuelven anticuadas
antes de que puedan osificarse

Wszystkie nowo powstałe relacje stają się przestarzałe, zanim
zdążą skostnieć

Todo lo que es sólido se derrite en el aire, y todo lo que es
santo es profanado

Wszystko, co stałe, rozpływa się w powietrzu, a wszystko, co
święte, zostaje zbezczeszczone

El hombre se ve finalmente obligado a afrontar con sus
sentidos sobrios sus verdaderas condiciones de vida

Człowiek jest w końcu zmuszony spojrzeć trzeźwo na swoje
rzeczywiste warunki życia

y se ve obligado a afrontar sus relaciones con los de su
especie

i jest zmuszony stawić czoła swoim stosunkom ze swoim pobratymcem

La burguesía necesita constantemente ampliar sus mercados para sus productos

Burżuazja musi stale poszerzać swoje rynki zbytu dla swoich produktów

y, debido a esto, la burguesía es perseguida por toda la superficie del globo

i z tego powodu burżuazja jest ścigana po całej powierzchni globu

La burguesía debe anidar en todas partes, establecerse en todas partes, establecer conexiones en todas partes

Burżuazja musi zagnieździć się wszędzie, osiedlić się wszędzie, wszędzie ustanowić kontakty

La burguesía debe crear mercados en todos los rincones del mundo para explotar

Burżuazja musi stworzyć rynki w każdym zakątku świata, aby je wyzyskiwać

La producción y el consumo en todos los países han adquirido un carácter cosmopolita

Produkcja i konsumpcja w każdym kraju nabrała kosmopolitycznego charakteru

el disgusto de los reaccionarios es palpable, pero ha continuado a pesar de todo

rozgoryczenie reakcjonistów jest namacalne, ale trwa ono niezależnie od tego

La burguesía ha sacado de debajo de los pies de la industria el terreno nacional en el que se encontraba

Burżuazja wyrwała spod nóg przemysłu narodowy grunt, na którym stała

Todas las industrias nacionales de vieja data han sido destruidas, o están siendo destruidas diariamente

Wszystkie dawne gałęzie przemysłu narodowego zostały zniszczone lub są niszczone codziennie

Todas las viejas industrias nacionales son desplazadas por las nuevas industrias

Wszystkie stare gałęzie przemysłu narodowego są wypierane przez nowe gałęzie przemysłu
Su introducción se convierte en una cuestión de vida o muerte para todas las naciones civilizadas
Ich wprowadzenie staje się kwestią życia i śmierci dla wszystkich cywilizowanych narodów
son desalojados por industrias que ya no trabajan con materia prima autóctona
Są one wypierane przez przemysł, który nie wydobywa już rodzimych surowców
En cambio, estas industrias extraen materias primas de las zonas más remotas
Zamiast tego branże te pobierają surowce z najodleglejszych stref
industrias cuyos productos se consumen, no solo en el país, sino en todos los rincones del mundo
branże, których produkty są konsumowane nie tylko w kraju, ale w każdym zakątku globu
En lugar de las viejas necesidades, satisfechas por las producciones del país, encontramos nuevas necesidades
W miejsce starych potrzeb, zaspokojonych przez produkcje kraju, znajdujemy nowe potrzeby
Estas nuevas necesidades requieren para su satisfacción los productos de tierras y climas lejanos
Te nowe potrzeby wymagają dla ich zaspokojenia wytworów odległych krajów i klimatów
En lugar de la antigua reclusión y autosuficiencia local y nacional, tenemos el comercio
W miejsce dawnego lokalnego i narodowego odosobnienia i samowystarczalności mamy handel
intercambio internacional en todas las direcciones; Interdependencia universal de las naciones
wymiana międzynarodowa we wszystkich kierunkach; Powszechna współzależność narodów
Y así como dependemos de los materiales, también dependemos de la producción intelectual

I tak jak jesteśmy zależni od materiałów, tak też jesteśmy
zależni od produkcji intelektualnej
Las creaciones intelectuales de las naciones individuales se
convierten en propiedad común
Wytwory intelektualne poszczególnych narodów stają się
wspólną własnością
La unilateralidad nacional y la estrechez de miras se vuelven
cada vez más imposibles
Narodowa jednostronność i ciasnota umysłowa stają się coraz
bardziej niemożliwe
y de las numerosas literaturas nacionales y locales, surge una
literatura mundial
Z licznych literatur narodowych i lokalnych wyłania się
literatura światowa
por el rápido perfeccionamiento de todos los instrumentos
de producción
przez szybkie doskonalenie wszystkich narzędzi produkcji
por los medios de comunicación inmensamente facilitados
dzięki niezwykle ułatwionym środkom komunikacji
La burguesía atrae a todos (incluso a las naciones más
bárbaras) a la civilización
Burżuazja wciąga wszystkich (nawet najbardziej
barbarzyńskie narody) w cywilizację
Los precios baratos de sus mercancías; la artillería pesada
que derriba todas las murallas chinas
Niskie ceny jej towarów; ciężka artyleria, która burzy
wszystkie chińskie mury
El odio intensamente obstinado de los bárbaros hacia los
extranjeros se ve obligado a capitular
Zaciekła nienawiść barbarzyńców do cudzoziemców zostaje
zmuszona do kapitulacji
Obliga a todas las naciones, bajo pena de extinción, a
adoptar el modo de producción burgués
Zmusza ona wszystkie narody, pod groźbą wyginięcia, do
przyjęcia burżuazyjnego sposobu produkcji
los obliga a introducir lo que llama civilización en su seno

Zmusza ich do wprowadzenia w ich grono tego, co nazywa
cywilizacją

**La burguesía obliga a los bárbaros a convertirse ellos
mismos en burgueses**

Burżuazja zmusza barbarzyńców, by sami stali się burżuazją

**en una palabra, la burguesía crea un mundo a su imagen y
semejanza**

jednym słowem, burżuazja tworzy świat na swój obraz

**La burguesía ha sometido el campo al dominio de las
ciudades**

Burżuazja poddała wieś panowaniu miast

**Ha creado enormes ciudades y ha aumentado
considerablemente la población urbana**

Stworzył ogromne miasta i znacznie zwiększył populację
miejską

**Rescató a una parte considerable de la población de la
idiotez de la vida rural**

Uratowała ona znaczną część ludności od idiotyzmu
wiejskiego życia

pero ha hecho que los del campo dependan de las ciudades

ale to sprawiło, że ludzie na wsi stali się zależni od miast

**y asimismo, ha hecho que los países bárbaros dependan de
los civilizados**

Podobnie uzależniła kraje barbarzyńskie od cywilizowanych

**naciones de campesinos sobre naciones de la burguesía, el
Este sobre el Oeste**

narody chłopskie na narody burżuazji, Wschód na Zachodzie

**La burguesía suprime cada vez más el estado disperso de la
población**

Burżuazja coraz bardziej znosi rozproszenie ludności

**Ha aglomerado la producción y ha concentrado la propiedad
en pocas manos**

Skoncentrował produkcję i skoncentrował własność w kilku
rękach

**La consecuencia necesaria de esto fue la centralización
política**

Nieuniknioną konsekwencją tego była centralizacja polityczna
**Había habido naciones independientes y provincias poco
conectadas**
Istniały niepodległe narody i luźno powiązane prowincje
**Tenían intereses, leyes, gobiernos y sistemas tributarios
separados**
Mieli odrębne interesy, prawa, rządy i systemy podatkowe
**pero se han agrupado en una sola nación, con un solo
gobierno**
Zostali jednak wrzuceni do jednego worka w jeden naród, z
jednym rządem
**Ahora tienen un interés nacional de clase, una frontera y un
arancel aduanero**
Mają teraz jeden narodowy interes klasowy, jedną granicę i
jedną taryfę celną
**Y este interés nacional de clase está unificado bajo un solo
código de leyes**
I ten narodowy interes klasowy jest zjednoczony w jednym
kodeksie prawnym
**la burguesía ha logrado mucho durante su gobierno de
apenas cien años**
Burżuazja osiągnęła wiele w ciągu zaledwie stuletnich rządów
**fuerzas productivas más masivas y colosales que todas las
generaciones precedentes juntas**
masywniejsze i kolosalne siły wytwórcze niż wszystkie
poprzednie pokolenia razem wzięte
**Las fuerzas de la naturaleza están subyugadas a la voluntad
del hombre y su maquinaria**
Siły przyrody są podporządkowane woli człowieka i jego
maszyn
**La química se aplica a todas las formas de industria y tipos
de agricultura**
Chemia znajduje zastosowanie we wszystkich formach
przemysłu i rodzajach rolnictwa
**la navegación a vapor, los ferrocarriles, los telégrafos
eléctricos y la imprenta**

żegluga parowa, koleje żelazne, telegrafy elektryczne i prasa drukarska

desbroce de continentes enteros para el cultivo, canalización de ríos

karczowanie całych kontynentów pod uprawę, kanalizacja rzek

Poblaciones enteras han sido sacadas de la tierra y puestas a trabajar

Całe populacje zostały wyczarowane z ziemi i zaprzęgnięte do pracy

¿Qué siglo anterior tuvo siquiera un presentimiento de lo que podría desencadenarse?

Które wcześniejsze stulecie miało choćby przeczucie, co może zostać uwolnione?

¿Quién predijo que tales fuerzas productivas dormitaban en el regazo del trabajo social?

Kto przewidział, że takie siły wytwórcze drzemią na łonie pracy społecznej?

Vemos, pues, que los medios de producción y de intercambio se generaban en la sociedad feudal

Widzimy więc, że środki produkcji i wymiany zostały wytworzone w społeczeństwie feudalnym

los medios de producción sobre cuyos cimientos se construyó la burguesía

środki produkcji, na których fundamencie burżuazja się zbudowała

En una determinada etapa del desarrollo de estos medios de producción y de intercambio

Na pewnym etapie rozwoju tych środków produkcji i wymiany

las condiciones bajo las cuales la sociedad feudal producía e intercambiaba

Warunki, w jakich społeczeństwo feudalne produkowało i wymieniało

La organización feudal de la agricultura y la industria manufacturera

Feudalna organizacja rolnictwa i przemysłu wytwórczego

Las relaciones feudales de propiedad ya no eran compatibles con las condiciones materiales

Feudalne stosunki własności nie były już do pogodzenia z warunkami materialnymi

Tuvieron que ser reventados en pedazos, por lo que fueron reventados en pedazos

Trzeba je było rozerwać na strzępy, więc zostały rozerwane na strzępy

En su lugar entró la libre competencia de las fuerzas productivas

Ich miejsce zajęła wolna konkurencja ze strony sił wytwórczych

y fueron acompañadas de una constitución social y política adaptada a ella

Towarzyszyła im dostosowana do tego konstytucja społeczna i polityczna

y fue acompañado por el dominio económico y político de la burguesía

Towarzyszył temu ekonomiczny i polityczny wpływ klasy burżuazyjnej

Un movimiento similar está ocurriendo ante nuestros propios ojos

Podobny ruch zachodzi na naszych oczach

La sociedad burguesa moderna con sus relaciones de producción, de intercambio y de propiedad

Nowoczesne społeczeństwo burżuazyjne z jego stosunkami produkcji, wymiany i własności

una sociedad que ha conjurado medios de producción y de intercambio tan gigantescos

Społeczeństwo, które wyczarowało tak gigantyczne środki produkcji i wymiany

Es como el hechicero que invocó los poderes del mundo inferior

Jest jak czarownik, który przywołał moce z zaświatów

Pero ya no es capaz de controlar lo que ha traído al mundo

Ale nie jest już w stanie kontrolować tego, co przyniósł na
świat

**Durante muchas décadas, la historia pasada estuvo unida
por un hilo conductor**

Przez wiele dekad miniona historia była związana wspólną
nicią

**La historia de la industria y del comercio no ha sido más que
la historia de las revueltas**

Historia przemysłu i handlu była tylko historią buntów

**las revueltas de las fuerzas productivas modernas contra las
condiciones modernas de producción**

Bunty nowoczesnych sił wytwórczych przeciwko
nowoczesnym warunkom produkcji

**Las revueltas de las fuerzas productivas modernas contra las
relaciones de propiedad**

Bunty współczesnych sił wytwórczych przeciwko stosunkom
własności

**estas relaciones de propiedad son las condiciones para la
existencia de la burguesía**

te stosunki własności są warunkiem istnienia burżuazji

**y la existencia de la burguesía determina las reglas de las
relaciones de propiedad**

a istnienie burżuazji określa reguły stosunków własności

**Baste mencionar el retorno periódico de las crisis
comerciales**

Wystarczy wspomnieć o okresowych powrotach kryzysów
handlowych

**cada crisis comercial es más amenazante para la sociedad
burguesa que la anterior**

każdy kryzys handlowy jest większym zagrożeniem dla
społeczeństwa burżuazyjnego niż poprzedni

**En estas crisis se destruye gran parte de los productos
existentes**

W wyniku tych kryzysów znaczna część istniejących
produktów ulega zniszczeniu

Pero estas crisis también destruyen las fuerzas productivas previamente creadas

Ale kryzysy te niszczą również wcześniej stworzone siły wytwórcze

En todas las épocas anteriores, estas epidemias habrían parecido un absurdo

We wszystkich wcześniejszych epokach epidemie te wydawałyby się absurdem

porque estas epidemias son las crisis comerciales de la sobreproducción

ponieważ te epidemie są komercyjnymi kryzysami nadprodukcji

De repente, la sociedad se encuentra de nuevo en un estado de barbarie momentánea

Społeczeństwo nagle zostaje ponownie wprowadzone w stan chwilowego barbarzyństwa

como si una guerra universal de devastación hubiera cortado todos los medios de subsistencia

jak gdyby powszechna wojna wyniszczająca odcięła wszelkie środki utrzymania

la industria y el comercio parecen haber sido destruidos; ¿Y por qué?

Wydaje się, że przemysł i handel zostały zniszczone; Dlaczego?

Porque hay demasiada civilización y medios de subsistencia

Bo jest za dużo cywilizacji i środków do życia

y porque hay demasiada industria y demasiado comercio

A także dlatego, że jest za dużo przemysłu i za dużo handlu

Las fuerzas productivas a disposición de la sociedad ya no desarrollan la propiedad burguesa

Siły wytwórcze, którymi dysponuje społeczeństwo, nie rozwijają już własności burżuazyjnej

por el contrario, se han vuelto demasiado poderosos para estas condiciones, por las cuales están encadenados

Wręcz przeciwnie, stali się zbyt potężni dla tych warunków, którymi są skrępowani

tan pronto como superan estas cadenas, traen el desorden a toda la sociedad burguesa

Skoro tylko przezwyciężą te kajdany, wprowadzą nieporządek w całe społeczeństwo burżuazyjne

y las fuerzas productivas ponen en peligro la existencia de la propiedad burguesa

a siły wytwórcze zagrażają istnieniu własności burżuazyjnej

Las condiciones de la sociedad burguesa son demasiado estrechas para abarcar la riqueza creada por ellas

Warunki społeczeństwa burżuazyjnego są zbyt ciasne, aby mogły objąć bogactwo przez nie wytworzone

¿Y cómo supera la burguesía estas crisis?

I jak burżuazja radzi sobie z tymi kryzysami?

Por un lado, supera estas crisis mediante la destrucción forzada de una masa de fuerzas productivas

Z jednej strony, przezwycięża te kryzysy poprzez wymuszone zniszczenie masy sił wytwórczych

por otro lado, supera estas crisis mediante la conquista de nuevos mercados

Z drugiej strony przezwycięża te kryzysy, zdobywając nowe rynki

y supera estas crisis mediante la explotación más completa de las viejas fuerzas productivas

Przezwycięża te kryzysy dzięki dokładniejszemu wykorzystaniu starych sił wytwórczych

Es decir, allanando el camino para crisis más extensas y destructivas

To znaczy, torując drogę do bardziej rozległych i bardziej destrukcyjnych kryzysów

supera la crisis disminuyendo los medios para prevenir las crisis

przezwycięża kryzys, ograniczając środki zapobiegania kryzysom

Las armas con las que la burguesía derribó el feudalismo se vuelven ahora contra sí misma

Broń, którą burżuazja obaliła feudalizm, obróciła się teraz przeciwko niej samej

Pero la burguesía no sólo ha forjado las armas que le dan la muerte

Ale burżuazja nie tylko wykuła broń, która sprowadza na nią śmierć

También ha llamado a la existencia a los hombres que han de empuñar esas armas

Powołał również do istnienia ludzi, którzy mają władać tą bronią

Y estos hombres son la clase obrera moderna; Son los proletarios

A ci ludzie to współczesna klasa robotnicza; Oni są proletariuszami

En la misma proporción en que se desarrolla la burguesía, en la misma proporción se desarrolla el proletariado

W miarę jak rozwija się burżuazja, w takim samym stopniu rozwija się proletariat

La clase obrera moderna desarrolló una clase de trabajadores

Współczesna klasa robotnicza wykształciła klasę robotników

Esta clase de obreros vive sólo mientras encuentran trabajo

Ta klasa robotników żyje tylko tak długo, jak długo znajdzie pracę

y sólo encuentran trabajo mientras su trabajo aumenta el capital

i znajdują pracę tylko tak długo, jak długo ich praca pomnaża kapitał

Estos obreros, que deben venderse a destajo, son una mercancía

Ci robotnicy, którzy muszą sprzedawać się po kawałku, są towarem

Estos obreros son como cualquier otro artículo de comercio

Ci robotnicy są jak każdy inny towar handlowy

y, en consecuencia, están expuestos a todas las vicisitudes de la competencia

i w konsekwencji są narażeni na wszelkie zmienne koleje
konkurencji
Tienen que capear todas las fluctuaciones del mercado
Muszą przetrwać wszystkie wahania na rynku
**Debido al uso extensivo de maquinaria y a la división del
trabajo**
Ze względu na szerokie zastosowanie maszyn i podział pracy
**El trabajo de los proletarios ha perdido todo carácter
individual**
Praca proletariuszy utraciła wszelki indywidualny charakter
**y, en consecuencia, el trabajo de los proletarios ha perdido
todo encanto para el obrero**
A co za tym idzie, praca proletariuszy straciła wszelki urok
dla robotnika
**Se convierte en un apéndice de la máquina, en lugar del
hombre que una vez fue**
Staje się dodatkiem do maszyny, a nie człowiekiem, którym
był kiedyś
**Sólo se requiere de él la habilidad más simple, monótona y
más fácil de adquirir**
Wymaga się od niego tylko najprostszego, monotonnego i
najłatwiejszego do zdobycia talentu
**Por lo tanto, el costo de producción de un trabajador está
restringido**
W związku z tym koszt produkcji robotnika jest ograniczony
**se restringe casi por completo a los medios de subsistencia
que necesita para su manutención**
Ogranicza się ona prawie wyłącznie do środków utrzymania,
które są mu potrzebne do utrzymania
**y se restringe a los medios de subsistencia que necesita para
la propagación de su raza**
i ogranicza się do środków utrzymania, których potrzebuje do
rozmnażania swojej rasy
**Pero el precio de una mercancía, y por lo tanto también del
trabajo, es igual a su costo de producción**

Otóż cena towaru, a więc i pracy, jest równa kosztom jego
produkcji

Por lo tanto, a medida que aumenta la repulsividad del
trabajo, disminuye el salario

Proporcjonalnie więc do tego, jak wzrasta odrażająca praca,
płaca robocza maleje

Es más, la repulsión de su obra aumenta a un ritmo aún
mayor

Co więcej, odrażająca natura jego dzieła wzrasta w jeszcze
większym tempie

A medida que aumenta el uso de maquinaria y la división
del trabajo, también lo hace la carga del trabajo

Wraz ze wzrostem użycia maszyn i podziału pracy wzrasta
ciężar pracy

La carga del trabajo se incrementa con la prolongación de las
horas de trabajo

Ciężar trudu jest zwiększany przez wydłużenie czasu pracy

Se espera más del obrero en el mismo tiempo que antes

Od robotnika oczekuje się więcej w tym samym czasie, co
przedtem

Y, por supuesto, la carga del trabajo aumenta por la
velocidad de la maquinaria

I oczywiście ciężar trudu jest zwiększony przez prędkość
maszyn

La industria moderna ha convertido el pequeño taller del
amo patriarcal en la gran fábrica del capitalista industrial

Nowoczesny przemysł przekształcił mały warsztat
patriarchalnego mistrza w wielką fabrykę przemysłowego
kapitalisty

Las masas de obreros, hacinados en la fábrica, están
organizadas como soldados

Masy robotników, stłoczone w fabryce, zorganizowane są jak
żołnierze

Como soldados rasos del ejército industrial están bajo el
mando de una jerarquía perfecta de oficiales y sargentos

Jako szeregowcy armii przemysłowej znajdują się pod
dowództwem doskonałej hierarchii oficerów i sierżantów
no sólo son esclavos de la burguesía y del Estado
są oni nie tylko niewolnikami klasy burżuazyjnej i państwa
**pero también son esclavizados diariamente y cada hora por
la máquina**
ale są też codziennie i co godzinę zniewoleni przez maszynę
**están esclavizados por el vigilante y, sobre todo, por el
propio fabricante burgués**
są oni zniewoleni przez patrzącego, a przede wszystkim przez
samego pojedynczego burżuazyjnego fabrykanta
**Cuanto más abiertamente proclama este despotismo que la
ganancia es su fin y su fin, tanto más mezquino, más odioso
y más amargo es**
Im bardziej otwarcie despotyzm ten głosi, że zysk jest jego
celem i celem, tym bardziej jest małostkowy, tym bardziej
nienawistny i tym bardziej rozgoryczony
**Cuanto más se desarrolla la industria moderna, menores son
las diferencias entre los sexos**
Im bardziej nowoczesny przemysł się rozwija, tym mniejsze są
różnice między płciami
**Cuanto menor es la habilidad y el ejercicio de la fuerza
implícitos en el trabajo manual, tanto más el trabajo de los
hombres es reemplazado por el de las mujeres**
Im mniej umiejętności i wysiłku siłowego implikuje praca
fizyczna, tym bardziej praca mężczyzn jest wypierana przez
pracę kobiet
**Las diferencias de edad y sexo ya no tienen ninguna validez
social distintiva para la clase obrera**
Różnice wieku i płci nie mają już żadnego szczególnego
znaczenia społecznego dla klasy robotniczej
**Todos son instrumentos de trabajo, más o menos costosos de
usar, según su edad y sexo**
Wszyscy są narzędziami pracy, mniej lub bardziej
kosztownymi w użyciu, w zależności od wieku i płci

tan pronto como el obrero recibe su salario en efectivo, es
atacado por las otras partes de la burguesía
Skoro tylko robotnik otrzyma swoją zapłatę w gotówce, to
inne części burżuazji narzucają mu
el propietario, el tendero, el prestamista, etc
właściciel, sklepikarz, lombard itp
Los estratos más bajos de la clase media; los pequeños
comerciantes y tenderos
Niższe warstwy klasy średniej; drobni handlowcy i
sklepikarze
los comerciantes jubilados en general, y los artesanos y
campesinos
Kupcy na emeryturze, rzemieślnicy i chłopi
todo esto se hunde poco a poco en el proletariado
wszystko to stopniowo zatapia się w proletariacie
en parte porque su minúsculo capital no basta para la escala
en que se desarrolla la industria moderna
po części dlatego, że ich niewielki kapitał nie wystarcza na
skalę, na jaką rozwija się nowoczesny przemysł
y porque está inundada en la competencia con los grandes
capitalistas
i dlatego, że jest zatopiona w konkurencji z wielkimi
kapitalistami
en parte porque sus habilidades especializadas se vuelven
inútiles por los nuevos métodos de producción
Częściowo dlatego, że ich wyspecjalizowane umiejętności
stają się bezwartościowe przez nowe metody produkcji
De este modo, el proletariado es reclutado entre todas las
clases de la población
W ten sposób proletariat rekrutuje się ze wszystkich klas
ludności
El proletariado pasa por varias etapas de desarrollo
Proletariat przechodzi przez różne stadia rozwoju
Con su nacimiento comienza su lucha con la burguesía
Wraz z jego narodzinami zaczyna się jego walka z burżuazją

Al principio, la contienda es llevada a cabo por trabajadores individuales

Początkowo konkurs jest prowadzony przez indywidualnych robotników

Entonces el concurso es llevado a cabo por los obreros de una fábrica

Wtedy konkurs jest kontynuowany przez robotników fabryki

Entonces la contienda es llevada a cabo por los operarios de un oficio, en una localidad

Wtedy zawody są prowadzone przez pracowników jednego handlu, w jednej miejscowości

y la contienda es entonces contra la burguesía individual que los explota directamente

a walka toczy się wtedy przeciwko indywidualnej burżuazji, która bezpośrednio ją wyzyskuje

No dirigen sus ataques contra las condiciones de producción de la burguesía

Swoje ataki kierują nie przeciwko burżuazyjnym warunkom produkcji

pero dirigen su ataque contra los propios instrumentos de producción

ale sam swój atak kierują przeciwko samym narzędziom produkcji

destruyen mercancías importadas que compiten con su mano de obra

Niszczą importowane towary, które konkurują z ich siłą roboczą

Hacen pedazos la maquinaria y prenden fuego a las fábricas

Rozbijają na kawałki maszyny i podpalają fabryki

tratan de restaurar por la fuerza el estado desaparecido del obrero de la Edad Media

dążą do przywrócenia siłą utraconego statusu robotnika średniowiecza

En esta etapa, los obreros forman todavía una masa incoherente dispersa por todo el país

Na tym etapie robotnicy tworzą jeszcze niespójną masę, rozproszoną po całym kraju

y se rompen por su mutua competencia

i rozbija ich wzajemna rywalizacja

Si en alguna parte se unen para formar cuerpos más compactos, esto no es todavía la consecuencia de su propia unión activa

Jeśli gdziekolwiek łączą się, tworząc bardziej zwarte ciała, nie jest to jeszcze konsekwencją ich własnego aktywnego związku

pero es una consecuencia de la unión de la burguesía, para alcanzar sus propios fines políticos

ale jest to konsekwencja zjednoczenia burżuazji, aby osiągnąć swoje własne cele polityczne

la burguesía se ve obligada a poner en movimiento a todo el proletariado

burżuazja zmuszona jest wprawić w ruch cały proletariat

y además, por un momento, la burguesía es capaz de hacerlo

a co więcej, na razie burżuazja jest w stanie to uczynić

Por lo tanto, en esta etapa, los proletarios no luchan contra sus enemigos

Na tym etapie więc proletariusze nie walczą ze swymi wrogami

sino que están luchando contra los enemigos de sus enemigos

ale zamiast tego walczą z wrogami swoich wrogów

la lucha contra los restos de la monarquía absoluta y los terratenientes

Walka z pozostałościami monarchii absolutnej i właścicielami ziemskimi

luchan contra la burguesía no industrial; la pequeña burguesía

walczą z nieprzemysłową burżuazją; drobnomieszczaństwo

De este modo, todo el movimiento histórico se concentra en manos de la burguesía

W ten sposób cały ruch historyczny skupia się w rękach burżuazji

cada victoria así obtenida es una victoria para la burguesía
każde zwycięstwo w ten sposób odniesione jest zwycięstwem
burżuazji

**Pero con el desarrollo de la industria, el proletariado no sólo
aumenta en número**
Ale wraz z rozwojem przemysłu proletariat nie tylko wzrasta
liczebnie

**el proletariado se concentra en grandes masas y su fuerza
crece**
proletariat skupia się w większych masach, a jego siła rośnie

y el proletariado siente cada vez más esa fuerza
a proletariat coraz bardziej odczuwa tę siłę

**Los diversos intereses y condiciones de vida en las filas del
proletariado se igualan cada vez más**
Rozmaite interesy i warunki życia w szeregach proletariatu
coraz bardziej się wyrównują

**se vuelven más proporcionales a medida que la maquinaria
borra todas las distinciones de trabajo**
Stają się one tym bardziej proporcjonalne, im bardziej
maszyny zacierają wszelkie różnice w pracy

**y la maquinaria reduce los salarios al mismo nivel bajo en
casi todas partes**
i maszyny prawie wszędzie obniżają płace do tego samego
niskiego poziomu

**La creciente competencia entre la burguesía, y las crisis
comerciales resultantes, hacen que los salarios de los obreros
sean cada vez más fluctuantes**
Rosnąca konkurencja między burżuazją i wynikające z niej
kryzysy handlowe sprawiają, że płace robotników stają się
coraz bardziej zmienne

**La mejora incesante de la maquinaria, que se desarrolla cada
vez más rápidamente, hace que sus medios de vida sean cada
vez más precarios**
Nieustanne doskonalenie maszyn, coraz szybciej się
rozwijających, sprawia, że ich egzystencja staje się coraz
bardziej niepewna

los choques entre obreros individuales y burgueses
individuales toman cada vez más el carácter de choques
entre dos clases
Zderzenia poszczególnych robotników z indywidualną
burżuazją przybierają coraz bardziej charakter zderzeń
między dwiema klasami
A partir de ese momento, los obreros comienzan a formar
uniones (sindicatos) contra la burguesía
Wtedy robotnicy zaczynają tworzyć związki zawodowe
przeciwko burżuazji
se agrupan para mantener el ritmo de los salarios
Zrzeszają się, aby utrzymać poziom płac
Fundaron asociaciones permanentes para hacer frente de
antemano a estas revueltas ocasionales
Zakładali stałe stowarzyszenia, aby zawczasu zabezpieczyć
się na te sporadyczne bunty
Aquí y allá la contienda estalla en disturbios
Tu i ówdzie spór przeradza się w zamieszki
De vez en cuando los obreros salen victoriosos, pero sólo por
un tiempo
Od czasu do czasu robotnicy odnoszą zwycięstwo, ale tylko
na jakiś czas
El verdadero fruto de sus batallas no reside en el resultado
inmediato, sino en la unión cada vez mayor de los
trabajadores
Prawdziwy owoc ich walk leży nie w bezpośrednim wyniku,
ale w stale rozszerzającym się związku zawodowym
robotników
Esta unión se ve favorecida por la mejora de los medios de
comunicación creados por la industria moderna
Związek ten jest wspierany przez ulepszone środki
komunikacji, które są tworzone przez nowoczesny przemysł
La comunicación moderna pone en contacto a los
trabajadores de diferentes localidades
Nowoczesna komunikacja sprawia, że pracownicy z różnych
miejscowości stykają się ze sobą

Era precisamente este contacto el que se necesitaba para centralizar las numerosas luchas locales en una lucha nacional entre clases

Właśnie ten kontakt był potrzebny, aby scentralizować liczne walki lokalne w jedną narodową walkę między klasami

Todas estas luchas tienen el mismo carácter, y toda lucha de clases es una lucha política

Wszystkie te walki mają ten sam charakter, a każda walka klasowa jest walką polityczną

los burgueses de la Edad Media, con sus miserables carreteras, necesitaron siglos para formar sus uniones

mieszczanie średniowiecza, ze swymi nędznymi drogami, potrzebowali wieków, aby zawrzeć swoje związki

Los proletarios modernos, gracias a los ferrocarriles, logran sus sindicatos en pocos años

Współcześni proletariusze, dzięki kolei, osiągają swoje związki w ciągu kilku lat

Esta organización de los proletarios en una clase los formó, por consiguiente, en un partido político

Ta organizacja proletariuszy w klasę przekształciła ich w partię polityczną

La clase política se ve continuamente molesta por la competencia entre los propios trabajadores

Klasa polityczna jest ciągle na nowo wzburzana przez konkurencję między samymi robotnikami

Pero la clase política sigue levantándose de nuevo, más fuerte, más firme, más poderosa

Ale klasa polityczna wciąż się odradza, silniejsza, mocniejsza, potężniejsza

Obliga al reconocimiento legislativo de los intereses particulares de los trabajadores

Zmusza ona ustawodawcze do uznania partykularnych interesów pracowników

lo hace aprovechándose de las divisiones en el seno de la propia burguesía

czyni to, wykorzystując podziały wśród samej burżuazji

De este modo, el proyecto de ley de las diez horas en Inglaterra se convirtió en ley

W ten sposób ustawa o 10 godzinach pracy w Anglii została wprowadzona w życie

en muchos sentidos, las colisiones entre las clases de la vieja sociedad son, además, el curso del desarrollo del proletariado

Pod wieloma względami zderzenie klas starego społeczeństwa jest dalszym kierunkiem rozwoju proletariatu

La burguesía se ve envuelta en una batalla constante

Burżuazja jest uwikłana w nieustanną walkę

Al principio se verá envuelto en una batalla constante con la aristocracia

Na początku będzie uwikłany w ciągłą walkę z arystokracją

más tarde se verá envuelta en una batalla constante con esas partes de la propia burguesía

później znajdzie się w nieustannej walce z tymi częściami samej burżuazji

y sus intereses se habrán vuelto antagónicos al progreso de la industria

a ich interesy staną się antagonistyczne wobec postępu przemysłu

en todo momento, sus intereses se habrán vuelto antagónicos con la burguesía de los países extranjeros

w każdym czasie ich interesy staną się antagonistyczne z burżuazją obcych krajów

En todas estas batallas se ve obligado a apelar al proletariado y pide su ayuda

We wszystkich tych bitwach czuje się zmuszona odwołać się do proletariatu i prosi go o pomoc

y, por lo tanto, se sentirá obligado a arrastrarlo a la arena política

A tym samym poczuje się zmuszony do wciągnięcia go na arenę polityczną

La burguesía misma, por lo tanto, suministra al proletariado sus propios instrumentos de educación política y general

Sama więc burżuazja zaopatruje proletariat w własne
narzędzia wychowania politycznego i ogólnego
en otras palabras, suministra al proletariado armas para
luchar contra la burguesía
innymi słowy, dostarcza proletariatowi broni do walki z
burżuazją
Además, como ya hemos visto, sectores enteros de las clases
dominantes se precipitan en el proletariado
Dalej, jak już widzieliśmy, całe odłamy klas panujących
zostają wciągnięte do proletariatu
el avance de la industria los absorbe en el proletariado
postęp przemysłu wciąga ich w proletariat
o, al menos, están amenazados en sus condiciones de
existencia
A przynajmniej są zagrożone w swoich warunkach egzystencji
Estos también suministran al proletariado nuevos elementos
de ilustración y progreso
Dostarczają one również proletariatowi nowych elementów
oświecenia i postępu
Finalmente, en momentos en que la lucha de clases se acerca
a la hora decisiva
Wreszcie, w czasach, gdy walka klasowa zbliża się do
decydującej godziny
el proceso de disolución que se está llevando a cabo en el
seno de la clase dominante
Proces rozpadu toczący się w klasie rządzącej
De hecho, la disolución que se está produciendo en el seno
de la clase dominante se sentirá en toda la sociedad
W rzeczywistości rozpad klasy rządzącej będzie odczuwalny
w całym społeczeństwie
Tomará un carácter tan violento y deslumbrante, que un
pequeño sector de la clase dominante se quedará a la deriva
Przybierze ona tak gwałtowny, rażący charakter, że niewielka
część klasy rządzącej odetnie się od dryfu
y esa clase dominante se unirá a la clase revolucionaria
i że klasa rządząca przyłączy się do klasy rewolucyjnej

La clase revolucionaria es la clase que tiene el futuro en sus manos
Klasa rewolucyjna jest klasą, która trzyma przyszłość w swoich rękach
Al igual que en un período anterior, una parte de la nobleza se pasó a la burguesía
Podobnie jak we wcześniejszym okresie, część szlachty przeszła na stronę burżuazji
de la misma manera que una parte de la burguesía se pasará al proletariado
w ten sam sposób część burżuazji przejdzie na stronę proletariatu
en particular, una parte de la burguesía pasará a una parte de los ideólogos de la burguesía
w szczególności część burżuazji przejdzie na stronę części ideologów burżuazji
Ideólogos burgueses que se han elevado al nivel de comprender teóricamente el movimiento histórico en su conjunto
Ideolodzy burżuazji, którzy wznieśli się do poziomu teoretycznego pojmowania ruchu historycznego jako całości
De todas las clases que hoy se encuentran frente a frente con la burguesía, sólo el proletariado es una clase realmente revolucionaria
Ze wszystkich klas, które dziś stoją twarzą w twarz z burżuazją, tylko proletariat jest klasą prawdziwie rewolucyjną
Las otras clases decaen y finalmente desaparecen frente a la industria moderna
Pozostałe klasy zanikają i ostatecznie znikają w obliczu nowoczesnego przemysłu
el proletariado es su producto especial y esencial
Proletariat jest jego szczególnym i istotnym produktem
La clase media baja, el pequeño fabricante, el tendero, el artesano, el campesino
Niższa klasa średnia, drobny fabrykant, sklepikarz, rzemieślnik, chłop

todos ellos luchan contra la burguesía
wszystkie te walki z burżuazją
Luchan como fracciones de la clase media para salvarse de la extinción
Walczą jako frakcje klasy średniej, aby uratować się przed wyginięciem
Por lo tanto, no son revolucionarios, sino conservadores
Nie są więc rewolucyjni, lecz konserwatywni
Más aún, son reaccionarios, porque tratan de hacer retroceder la rueda de la historia
Co więcej, są reakcjonistami, ponieważ próbują cofnąć koło historii
Si por casualidad son revolucionarios, lo son sólo en vista de su inminente transferencia al proletariado
Jeśli przypadkiem są rewolucyjni, to tylko ze względu na zbliżające się przejście do proletariatu
Por lo tanto, no defienden sus intereses presentes, sino sus intereses futuros
W ten sposób bronią nie swoich obecnych, ale przyszłych interesów
abandonan su propio punto de vista para situarse en el del proletariado
porzucają swój własny punkt widzenia, aby postawić się na stanowisku proletariatu
La "clase peligrosa", la escoria social, esa masa pasivamente putrefacta arrojada por las capas más bajas de la vieja sociedad
"Klasa niebezpieczna", szumowiny społeczne, ta biernie gnijąca masa wyrzucona przez najniższe warstwy starego społeczeństwa
pueden, aquí y allá, ser arrastrados al movimiento por una revolución proletaria
Tu i ówdzie mogą zostać wciągnięci do ruchu przez rewolucję proletariacką

Sus condiciones de vida, sin embargo, la preparan mucho
más para el papel de un instrumento sobornado de la intriga
reaccionaria

Warunki jego życia przygotowują go jednak o wiele bardziej
do roli przekupionego narzędzia reakcyjnej intrygi

En las condiciones del proletariado, los de la vieja sociedad
en general están ya virtualmente desbordados

W warunkach proletariatu warunki starego społeczeństwa w
ogóle są już praktycznie zalane

El proletario carece de propiedad

Proletariusz jest bez własności

su relación con su mujer y sus hijos ya no tiene nada en
común con las relaciones familiares de la burguesía

jego stosunek do żony i dzieci nie ma już nic wspólnego z
rodzinnymi stosunkami burżuazji

el trabajo industrial moderno, el sometimiento moderno al
capital, lo mismo en Inglaterra que en Francia, en Estados
Unidos como en Alemania

nowoczesna praca przemysłowa, nowoczesne
podporządkowanie kapitałowi, takie samo w Anglii jak we
Francji, w Ameryce jak i w Niemczech

Su condición en la sociedad lo ha despojado de todo rastro
de carácter nacional

Jego pozycja społeczna odarła go z wszelkich śladów
charakteru narodowego

El derecho, la moral, la religión, son para él otros tantos
prejuicios burgueses

Prawo, moralność, religia są dla niego tyloma przesądami
burżuazji

y detrás de estos prejuicios acechan emboscados otros tantos
intereses burgueses

a za tymi przesądami się równie wiele interesów burżuazji

Todas las clases precedentes que se impusieron trataron de
fortalecer su estatus ya adquirido

Wszystkie poprzednie klasy, które uzyskały przewagę, starały
się umocnić swój już zdobyty status

Lo hicieron sometiendo a la sociedad en general a sus condiciones de apropiación
Zrobili to, podporządkowując całe społeczeństwo swoim warunkom zawłaszczenia

Los proletarios no pueden llegar a ser dueños de las fuerzas productivas de la sociedad
Proletariusze nie mogą stać się panami sił wytwórczych społeczeństwa

sólo puede hacerlo aboliendo su propio modo anterior de apropiación
Może to uczynić jedynie poprzez zniesienie własnego dotychczasowego sposobu zawłaszczania

y, por lo tanto, también suprime cualquier otro modo anterior de apropiación
a tym samym znosi również każdy inny poprzedni sposób zawłaszczania

No tienen nada propio que asegurar y fortificar
Nie mają nic własnego, co mogliby zabezpieczyć i ufortyfikować

Su misión es destruir todos los valores y seguros anteriores de la propiedad individual
Ich misją jest zniszczenie wszystkich dotychczasowych zabezpieczeń i ubezpieczeń majątku indywidualnego

Todos los movimientos históricos anteriores fueron movimientos de minorías
Wszystkie poprzednie ruchy historyczne były ruchami mniejszości

o eran movimientos en interés de las minorías
albo były to ruchy w interesie mniejszości

El movimiento proletario es el movimiento consciente e independiente de la inmensa mayoría
Ruch proletariacki jest samoświadomym, niezależnym ruchem ogromnej większości

Y es un movimiento en interés de la inmensa mayoría
Jest to ruch w interesie ogromnej większości

El proletariado, el estrato más bajo de nuestra sociedad actual

Proletariat, najniższa warstwa naszego obecnego społeczeństwa

no puede agitarse ni elevarse sin que todos los estratos superiores de la sociedad oficial salgan al aire

Nie może się poruszyć ani podnieść, dopóki nie wyskoczy w powietrze wszystkie nadrzędne warstwy oficjalnego społeczeństwa

Aunque no en el fondo, sí en la forma, la lucha del proletariado con la burguesía es, al principio, una lucha nacional

Walka proletariatu z burżuazją, choć nie w istocie, ale nie w formie, jest z początku walką narodową

El proletariado de cada país debe, por supuesto, en primer lugar arreglar las cosas con su propia burguesía

Proletariat każdego kraju musi oczywiście przede wszystkim załatwić sprawy ze swoją burżuazją

Al describir las fases más generales del desarrollo del proletariado, hemos trazado la guerra civil más o menos velada

Przedstawiając najogólniejsze fazy rozwoju proletariatu, prześledziliśmy mniej lub bardziej zawoalowaną wojnę domową

Este civil está haciendo estragos dentro de la sociedad existente

To obywatelskie szaleje w istniejącym społeczeństwie

Se enfurecerá hasta el punto en que esa guerra estalle en una revolución abierta

Będzie szaleć aż do momentu, w którym ta wojna przerodzi się w otwartą rewolucję

y luego el derrocamiento violento de la burguesía sienta las bases para el dominio del proletariado

a następnie gwałtowne obalenie burżuazji kładzie podwaliny pod panowanie proletariatu

Hasta ahora, todas las formas de sociedad se han basado, como ya hemos visto, en el antagonismo de las clases opresoras y oprimidas

Dotychczas, jak już widzieliśmy, każda forma społeczeństwa opierała się na antagonizmie klas uciskających i uciskanych

Pero para oprimir a una clase, hay que asegurarle ciertas condiciones

Lecz aby uciskać jakąś klasę, trzeba jej zapewnić pewne warunki

La clase debe ser mantenida en condiciones en las que pueda, por lo menos, continuar su existencia servil

Klasa ta musi być utrzymywana w warunkach, w których może przynajmniej kontynuować swoją niewolniczą egzystencję

El siervo, en el período de la servidumbre, se elevaba a la comuna

Chłop pańszczyźniany w okresie pańszczyzny awansował na członka gminy

del mismo modo que la pequeña burguesía, bajo el yugo del absolutismo feudal, logró convertirse en burguesía

tak jak drobnomieszczaństwo, pod jarzmem feudalnego absolutyzmu, zdołało rozwinąć się w burżuazję

El obrero moderno, por el contrario, en lugar de elevarse con el progreso de la industria, se hunde cada vez más

Współczesny robotnik, przeciwnie, zamiast wzrastać wraz z postępem przemysłu, pogrąża się coraz głębiej i głębiej

se hunde por debajo de las condiciones de existencia de su propia clase

stacza się poniżej warunków egzystencji własnej klasy

Se convierte en un indigente, y el pauperismo se desarrolla más rápidamente que la población y la riqueza

Staje się nędzarzem, a pauperyzm rozwija się szybciej niż populacja i bogactwo

Y aquí se hace evidente que la burguesía ya no es apta para ser la clase dominante de la sociedad

I tu staje się oczywiste, że burżuazja nie nadaje się już dłużej do bycia klasą panującą w społeczeństwie

y no es apta para imponer sus condiciones de existencia a la sociedad como una ley imperativa

i nie nadaje się do narzucania społeczeństwu swoich warunków egzystencji jako nadrzędnego prawa

Es incapaz de gobernar porque es incapaz de asegurar una existencia a su esclavo dentro de su esclavitud

Nie nadaje się do rządzenia, ponieważ nie jest w stanie zapewnić egzystencji swemu niewolnikowi w jego niewoli

porque no puede evitar dejarlo hundirse en tal estado, que tiene que alimentarlo, en lugar de ser alimentado por él

ponieważ nie może nic poradzić na to, by pogrążył się w takim stanie, że musi go karmić, zamiast być przez niego karmionym

La sociedad ya no puede vivir bajo esta burguesía

Społeczeństwo nie może dłużej żyć pod rządami tej burżuazji

En otras palabras, su existencia ya no es compatible con la sociedad

Innymi słowy, jego istnienie nie jest już zgodne ze społeczeństwem

La condición esencial para la existencia y el dominio de la burguesía es la formación y el aumento del capital

Zasadniczym warunkiem istnienia i panowania klasy burżuazyjnej jest tworzenie i pomnażanie kapitału

La condición del capital es el trabajo asalariado

Warunkiem kapitału jest praca najemna

El trabajo asalariado se basa exclusivamente en la competencia entre los trabajadores

Praca najemna opiera się wyłącznie na konkurencji między robotnikami

El avance de la industria, cuyo promotor involuntario es la burguesía, sustituye al aislamiento de los obreros

Postęp przemysłu, którego mimowolnym promotorem jest burżuazja, zastępuje izolację robotników

por la competencia, por su combinación revolucionaria, por la asociación

ze względu na konkurencję, ze względu na ich rewolucyjne połączenie, ze względu na skojarzenia

El desarrollo de la industria moderna corta bajo sus pies los cimientos mismos sobre los cuales la burguesía produce y se apropia de los productos

Rozwój nowoczesnego przemysłu podcina mu spod nóg fundament, na którym burżuazja wytwarza i przywłaszcza sobie produkty

Lo que la burguesía produce, sobre todo, son sus propios sepultureros

Burżuazja produkuje przede wszystkim własnych grabarzy

La caída de la burguesía y la victoria del proletariado son igualmente inevitables

Upadek burżuazji i zwycięstwo proletariatu są równie nieuniknione

Proletarios y comunistas
Proletariusze i komuniści

¿Qué relación tienen los comunistas con el conjunto de los proletarios?

W jakim stosunku stoją komuniści do proletariuszy jako całości?

Los comunistas no forman un partido separado opuesto a otros partidos de la clase obrera

Komuniści nie tworzą odrębnej partii w opozycji do innych partii robotniczych

No tienen intereses separados y aparte de los del proletariado en su conjunto

Nie mają oni żadnych interesów odrębnych i odrębnych od interesów proletariatu jako całości

No establecen ningún principio sectario propio, con el cual dar forma y moldear el movimiento proletario

Nie ustanawiają oni żadnych własnych sekciarskich zasad, według których mogliby kształtować i formować ruch proletariacki

Los comunistas se distinguen de los demás partidos obreros sólo por dos cosas

Komuniści różnią się od innych partii robotniczych tylko dwiema rzeczami

En primer lugar, señalan y ponen en primer plano los intereses comunes de todo el proletariado, independientemente de toda nacionalidad

Po pierwsze, wskazują i wysuwają na pierwszy plan wspólne interesy całego proletariatu, niezależnie od wszystkich narodowości

Esto lo hacen en las luchas nacionales de los proletarios de los diferentes países

Czynią to w walkach narodowych proletariuszy różnych krajów

En segundo lugar, siempre y en todas partes representan los intereses del movimiento en su conjunto

Po drugie, zawsze i wszędzie reprezentują interesy ruchu jako całości

esto lo hacen en las diversas etapas de desarrollo por las que tiene que pasar la lucha de la clase obrera contra la burguesía

Czynią to w różnych stadiach rozwoju, przez które musi przejść walka klasy robotniczej z burżuazją

Los comunistas son, por lo tanto, por una parte, prácticamente, el sector más avanzado y resuelto de los partidos obreros de todos los países

Komuniści są więc z jednej strony, praktycznie najbardziej postępową i zdecydowaną sekcją partii robotniczych każdego kraju

Son ese sector de la clase obrera que empuja hacia adelante a todos los demás

Są tą częścią klasy robotniczej, która popycha do przodu wszystkie inne

Teóricamente, también tienen la ventaja de entender claramente la línea de marcha

Teoretycznie mają też tę zaletę, że dobrze rozumieją linię marszu

Esto lo comprenden mejor comparado con la gran masa del proletariado

Rozumieją to lepiej w porównaniu z wielkimi masami proletariatu

Comprenden las condiciones y los resultados generales finales del movimiento proletario

Rozumieją oni warunki i ostateczne ogólne rezultaty ruchu proletariackiego

El objetivo inmediato del comunista es el mismo que el de todos los demás partidos proletarios

Bezpośredni cel komunistów jest taki sam, jak wszystkich innych partii proletariackich

Su objetivo es la formación del proletariado en una clase

Ich celem jest uformowanie proletariatu w klasę

su objetivo es derrocar la supremacía burguesa

dążą do obalenia supremacji burżuazji

**la lucha por la conquista del poder político por el
proletariado**

dążenie do zdobycia władzy politycznej przez proletariat

**Las conclusiones teóricas de los comunistas no se basan en
modo alguno en ideas o principios de reformadores**

Teoretyczne wnioski komunistów nie są w żaden sposób
oparte na ideach czy zasadach reformatorów

**no fueron los aspirantes a reformadores universales los que
inventaron o descubrieron las conclusiones teóricas de los
comunistas**

to nie niedoszli uniwersalni reformatorzy wymyślili lub
odkryli teoretyczne wnioski komunistów

**Se limitan a expresar, en términos generales, las relaciones
reales que surgen de una lucha de clases existente**

Wyrażają one jedynie, w ogólnych kategoriach, rzeczywiste
stosunki wynikające z istniejącej walki klasowej

**Y describen el movimiento histórico que está ocurriendo
ante nuestros propios ojos y que ha creado esta lucha de
clases**

Opisują one historyczny ruch, który rozgrywa się na naszych
oczach, a który stworzył tę walkę klasową

**La abolición de las relaciones de propiedad existentes no es
en absoluto un rasgo distintivo del comunismo**

Zniesienie istniejących stosunków własności nie jest wcale
charakterystyczną cechą komunizmu

**Todas las relaciones de propiedad en el pasado han estado
continuamente sujetas a cambios históricos**

Wszystkie stosunki własnościowe w przeszłości podlegały
nieustannym zmianom historycznym

**y estos cambios fueron consecuencia del cambio en las
condiciones históricas**

Zmiany te wynikały ze zmiany warunków historycznych

**La Revolución Francesa, por ejemplo, abolió la propiedad
feudal en favor de la propiedad burguesa**

Na przykład Rewolucja Francuska zniosła własność feudalną
na rzecz własności burżuazyjnej

**El rasgo distintivo del comunismo no es la abolición de la
propiedad, en general**

Cechą wyróżniającą komunizm nie jest zniesienie własności,
ogólnie rzecz biorąc

**pero el rasgo distintivo del comunismo es la abolición de la
propiedad burguesa**

ale cechą wyróżniającą komunizm jest zniesienie własności
burżuazyjnej

**Pero la propiedad privada de la burguesía moderna es la
expresión última y más completa del sistema de producción
y apropiación de productos**

Ale współczesna burżuazja własności prywatnej jest
ostatecznym i najpełniejszym wyrazem systemu produkcji i
przywłaszczania sobie produktów

**Es el estado final de un sistema que se basa en los
antagonismos de clase, donde el antagonismo de clase es la
explotación de la mayoría por unos pocos**

Jest to ostateczny stan systemu opartego na antagonizmach
klasowych, gdzie antagonizm klasowy jest wyzyskiem wielu
przez nielicznych

**En este sentido, la teoría de los comunistas puede resumirse
en una sola frase; la abolición de la propiedad privada**

W tym sensie teorię komunistów można streścić w jednym
zdaniu; zniesienie własności prywatnej

**A los comunistas se nos ha reprochado el deseo de abolir el
derecho de adquirir personalmente la propiedad**

Nam, komunistom, zarzucano pragnienie zniesienia prawa do
osobistego nabywania własności

**Se afirma que esta propiedad es el fruto del propio trabajo
de un hombre**

Twierdzi się, że ta właściwość jest owocem własnej pracy
człowieka

**y se alega que esta propiedad es la base de toda libertad,
actividad e independencia personal.**

A ta własność jest rzekomo podstawą wszelkiej osobistej wolności, aktywności i niezależności.

"¡Propiedad ganada con esfuerzo, adquirida por uno mismo, ganada por uno mismo!"

"Ciężko zdobyta, zdobyta przez siebie, własnoręcznie zarobiona własność!"

¿Te refieres a la propiedad del pequeño artesano y del pequeño campesino?

Czy masz na myśli własność drobnego rzemieślnika i drobnego chłopa?

¿Te refieres a una forma de propiedad que precedió a la forma burguesa?

Czy masz na myśli formę własności, która poprzedzała formę burżuazji?

No hay necesidad de abolir eso, el desarrollo de la industria ya lo ha destruido en gran medida

Nie ma potrzeby tego znosić, rozwój przemysłu już go w dużej mierze zniszczył

y el desarrollo de la industria sigue destruyéndola diariamente

a rozwój przemysłu wciąż go niszczy z dnia na dzień

¿O te refieres a la propiedad privada de la burguesía moderna?

A może masz na myśli współczesną burżuazyjną własność prywatną?

Pero, ¿crea el trabajo asalariado alguna propiedad para el trabajador?

Ale czy praca najemna tworzy jakąś własność dla robotnika?

¡No, el trabajo asalariado no crea ni una pizca de este tipo de propiedad!

Nie, praca najemna nie tworzy ani odrobiny tego rodzaju własności!

Lo que sí crea el trabajo asalariado es capital; ese tipo de propiedad que explota el trabajo asalariado

To, co tworzy praca najemna, to kapitał; ten rodzaj własności, który wyzyskuje pracę najemną

El capital no puede aumentar sino a condición de engendrar una nueva oferta de trabajo asalariado para una nueva explotación

Kapitał nie może się pomnażać, chyba że pod warunkiem zrodzenia nowej podaży pracy najemnej dla nowego wyzysku

La propiedad, en su forma actual, se basa en el antagonismo entre el capital y el trabajo asalariado

Własność w swej obecnej formie opiera się na antagonizmie kapitału i pracy najemnej

Examinemos los dos lados de este antagonismo

Przyjrzyjmy się obu stronom tego antagonizmu

Ser capitalista es tener no sólo un estatus puramente personal

Być kapitalistą to nie tylko mieć czysto osobisty status

En cambio, ser capitalista es también tener un estatus social en la producción

Zamiast tego, być kapitalistą to także mieć status społeczny w produkcji

porque el capital es un producto colectivo; Sólo mediante la acción unida de muchos miembros puede ponerse en marcha

ponieważ kapitał jest produktem kolektywnym; Tylko dzięki zjednoczonemu działaniu wielu członków może ona zostać wprawiona w ruch

Pero esta acción unida es el último recurso, y en realidad requiere de todos los miembros de la sociedad

Ale to zjednoczone działanie jest ostatecznością i w rzeczywistości wymaga wszystkich członków społeczeństwa

El capital se convierte en propiedad de todos los miembros de la sociedad

Kapitał zamienia się we własność wszystkich członków społeczeństwa

pero el Capital no es, por lo tanto, un poder personal; Es un poder social

ale kapitał nie jest więc władzą osobistą; Jest to siła społeczna

Así, cuando el capital se convierte en propiedad social, la propiedad personal no se transforma en propiedad social

Tak więc, gdy kapitał zamienia się we własność społeczną,
własność osobista nie przekształca się w własność społeczną
**Lo único que cambia es el carácter social de la propiedad y
pierde su carácter de clase**
Zmienia się tylko społeczny charakter własności i traci ona
swój klasowy charakter
Veamos ahora el trabajo asalariado
Spójrzmy teraz na pracę najemną
**El precio medio del trabajo asalariado es el salario mínimo,
es decir, la cantidad de medios de subsistencia**
Przeciętną ceną pracy najemnej jest płaca minimalna, tj.
kwantura środków utrzymania
**Este salario es absolutamente necesario en la mera existencia
de un obrero**
Ta płaca jest absolutnie niezbędna w gołej egzystencji
robotnika
**Por lo tanto, lo que el asalariado se apropia por medio de su
trabajo, sólo basta para prolongar y reproducir una
existencia desnuda**
To, co więc robotnik najemny przywłaszcza sobie za pomocą
swojej pracy, wystarcza jedynie do przedłużenia i
odtworzenia gołej egzystencji
**De ninguna manera pretendemos abolir esta apropiación
personal de los productos del trabajo**
Nie zamierzamy bynajmniej znieść tego osobistego
przywłaszczania sobie produktów pracy
**una apropiación que se hace para el mantenimiento y la
reproducción de la vida humana**
przywłaszczenie przeznaczone na utrzymanie i reprodukcję
życia ludzkiego
**Tal apropiación personal de los productos del trabajo no
deja ningún excedente con el que ordenar el trabajo de otros**
Takie osobiste przywłaszczanie sobie produktów pracy nie
pozostawia żadnej nadwyżki, którą można by rozporządzać
pracą innych

Lo único que queremos eliminar es el carácter miserable de esta apropiación

Jedyne, czego chcemy się pozbyć, to nędzny charakter tego zawłaszczenia

la apropiación bajo la cual vive el obrero sólo para aumentar el capital

przywłaszczenie, pod którym żyje robotnik tylko po to, by pomnażać kapitał

Sólo se le permite vivir en la medida en que lo exija el interés de la clase dominante

Wolno mu żyć tylko w takim zakresie, w jakim wymaga tego interes klasy rządzącej

En la sociedad burguesa, el trabajo vivo no es más que un medio para aumentar el trabajo acumulado

W społeczeństwie burżuazyjnym żywa praca jest tylko środkiem do zwiększenia nagromadzonej pracy

En la sociedad comunista, el trabajo acumulado no es más que un medio para ampliar, para enriquecer y para promover la existencia del obrero

W społeczeństwie komunistycznym nagromadzona praca jest tylko środkiem do poszerzania, wzbogacania się, popierania egzystencji robotnika

En la sociedad burguesa, por lo tanto, el pasado domina al presente

W społeczeństwie burżuazyjnym przeszłość panuje więc nad teraźniejszością

en la sociedad comunista el presente domina al pasado

w społeczeństwie komunistycznym teraźniejszość dominuje nad przeszłością

En la sociedad burguesa el capital es independiente y tiene individualidad

W społeczeństwie burżuazyjnym kapitał jest niezależny i posiada indywidualność

En la sociedad burguesa la persona viva es dependiente y no tiene individualidad

W społeczeństwie burżuazyjnym żywa osoba jest zależna i nie ma indywidualności

¡Y la abolición de este estado de cosas es llamada por la burguesía, abolición de la individualidad y de la libertad!

A zniesienie tego stanu rzeczy burżuazja nazywa zniesieniem indywidualności i wolności!

¡Y con razón se llama la abolición de la individualidad y de la libertad!

I słusznie nazywa się to zniesieniem indywidualności i wolności!

El comunismo aspira a la abolición de la individualidad burguesa

Komunizm dąży do zniesienia burżuazyjnej indywidualności

El comunismo pretende la abolición de la independencia burguesa

Komunizm dąży do zniesienia niezależności burżuazji

La libertad burguesa es, sin duda, a lo que aspira el comunismo

Wolność burżuazji jest niewątpliwie tym, do czego dąży komunizm

en las actuales condiciones de producción de la burguesía, la libertad significa libre comercio, libre venta y compra

w obecnych burżuazyjnych warunkach produkcji wolność oznacza wolny handel, wolną sprzedaż i kupno

Pero si desaparece la venta y la compra, también desaparece la libre venta y la compra

Ale jeśli znika sprzedawanie i kupowanie, znika również swobodna sprzedaż i kupno

Las "palabras valientes" de la burguesía sobre la libre venta y compra sólo tienen sentido en un sentido limitado

"Odważne słowa" burżuazji o wolnej sprzedaży i kupnie mają znaczenie tylko w ograniczonym sensie

Estas palabras tienen significado solo en contraste con la venta y la compra restringidas

Słowa te mają znaczenie tylko w przeciwieństwie do ograniczonej sprzedaży i kupna

y estas palabras sólo tienen sentido cuando se aplican a los comerciantes encadenados de la Edad Media

Słowa te mają sens tylko wtedy, gdy odnoszą się do spętanych kupców średniowiecza

y eso supone que estas palabras incluso tienen un significado en un sentido burgués

i to zakłada, że słowa te mają nawet znaczenie w sensie burżuazyjnym

pero estas palabras no tienen ningún significado cuando se usan para oponerse a la abolición comunista de la compra y venta

ale te słowa nie mają żadnego znaczenia, gdy są używane do przeciwstawiania się komunistycznemu zniesieniu kupna i sprzedaży

las palabras no tienen sentido cuando se usan para oponerse a la abolición de las condiciones de producción de la burguesía

słowa te nie mają żadnego znaczenia, gdy są używane do przeciwstawienia się zniesieniu burżuazyjnych warunków produkcji

y no tienen ningún sentido cuando se utilizan para oponerse a la abolición de la propia burguesía

i nie mają żadnego znaczenia, gdy są używane do sprzeciwiania się obaleniu samej burżuazji

Ustedes están horrorizados de nuestra intención de acabar con la propiedad privada

Jesteście przerażeni tym, że zamierzamy zlikwidować własność prywatną

Pero en la sociedad actual, la propiedad privada ya ha sido eliminada para las nueve décimas partes de la población

Ale w waszym obecnym społeczeństwie własność prywatna została już zniesiona dla dziewięciu dziesiątych populacji

La existencia de la propiedad privada para unos pocos se debe únicamente a su inexistencia en manos de las nueve décimas partes de la población

Istnienie własności prywatnej dla nielicznych wynika
wyłącznie z tego, że nie istnieje ona w rękach dziewięciu
dziesiątych populacji

**Por lo tanto, nos reprochas que pretendamos acabar con una
forma de propiedad**

Zarzucacie nam więc, że zamierzamy pozbyć się pewnej
formy własności

**Pero la propiedad privada requiere la inexistencia de
propiedad alguna para la inmensa mayoría de la sociedad**

Ale własność prywatna wymaga nieistnienia jakiejkolwiek
własności dla ogromnej większości społeczeństwa

**En una palabra, nos reprochas que pretendamos acabar con
tu propiedad**

Jednym słowem zarzucasz nam, że zamierzamy pozbyć się
twojej własności

**Y es precisamente así; prescindir de su propiedad es justo lo
que pretendemos**

I tak właśnie jest; pozbycie się Twojej własności jest dokładnie
tym, co zamierzamy

**Desde el momento en que el trabajo ya no puede convertirse
en capital, dinero o renta**

Od momentu, w którym praca nie może być już zamieniona
na kapitał, pieniądz lub rentę

**cuando el trabajo ya no puede convertirse en un poder social
capaz de ser monopolizado**

kiedy praca nie może być już przekształcona w siłę społeczną
dającą się zmonopolizować

**desde el momento en que la propiedad individual ya no
puede transformarse en propiedad burguesa**

od momentu, w którym własność indywidualna nie może być
już przekształcona we własność burżuazyjną

**desde el momento en que la propiedad individual ya no
puede transformarse en capital**

od momentu, w którym własność indywidualna nie może być
już przekształcona w kapitał

A partir de ese momento, dices que la individualidad se desvanece

Od tego momentu mówisz, że indywidualność znika

Debéis confesar, pues, que por "individuo" no os referimos a otra persona que a la burguesía

Musicie więc wyznać, że przez "jednostkę" rozumiecie nie nikogo innego, jak tylko burżuazję

Debes confesar que se refiere específicamente al propietario de una propiedad de clase media

Musicie przyznać, że odnosi się to konkretnie do właściciela nieruchomości z klasy średniej

Esta persona debe, en verdad, ser barrida del camino, y hecha imposible

Osoba ta musi być usunięta z drogi i uniemożliwiona

El comunismo no priva a ningún hombre del poder de apropiarse de los productos de la sociedad

Komunizm nie pozbawia nikogo władzy przywłaszczania sobie wytworów społeczeństwa

todo lo que hace el comunismo es privarlo del poder de subyugar el trabajo de otros por medio de tal apropiación

wszystko, co robi komunizm, to pozbawienie go władzy podporządkowania sobie pracy innych za pomocą takiego zawłaszczenia

Se ha objetado que, tras la abolición de la propiedad privada, cesará todo trabajo

Sprzeciwiano się, że po zniesieniu własności prywatnej ustanie wszelka praca

y entonces se sugiere que la pereza universal se apoderará de nosotros

Sugeruje się wtedy, że dopadnie nas powszechne lenistwo

De acuerdo con esto, la sociedad burguesa debería haber ido hace mucho tiempo a los perros por pura ociosidad

Zgodnie z tym społeczeństwo burżuazyjne już dawno powinno było zejść na psy przez zwykłe próżniactwo

porque los de sus miembros que trabajan, no adquieren nada

ponieważ ci z jego członków, którzy pracują, nie zdobywają niczego

y los de sus miembros que adquieren algo, no trabajan

a ci z jego członków, którzy cokolwiek zdobywają, nie pracują

Toda esta objeción no es más que otra expresión de la tautología

Cały ten zarzut jest tylko kolejnym wyrazem tautologii

Ya no puede haber trabajo asalariado cuando ya no hay capital

Nie może już być pracy najemnej, gdy nie ma już kapitału

No hay diferencia entre los productos materiales y los productos mentales

Nie ma różnicy między produktami materialnymi a wytworami psychicznymi

El comunismo propone que ambos se producen de la misma manera

Komunizm proponuje, że oba te elementy są produkowane w ten sam sposób

pero las objeciones contra los modos comunistas de producirlos son las mismas

ale zarzuty przeciwko komunistycznym sposobom ich wytwarzania są takie same

para la burguesía, la desaparición de la propiedad de clase es la desaparición de la producción misma

Dla burżuazji zanik własności klasowej jest zanikiem samej produkcji

De modo que la desaparición de la cultura de clase es para él idéntica a la desaparición de toda cultura

Tak więc zanik kultury klasowej jest dla niego tożsamy ze zniknięciem wszelkiej kultury

Esa cultura, cuya pérdida lamenta, es para la inmensa mayoría un mero entrenamiento para actuar como una máquina

Ta kultura, nad której utratą ubolewa, jest dla ogromnej większości zwykłym treningiem do działania jak maszyna

Los comunistas tienen la firme intención de abolir la cultura de la propiedad burguesa
Komuniści bardzo zamierzają obalić kulturę burżuazyjnej własności
Pero no discutan con nosotros mientras apliquen el estándar de sus nociones burguesas de libertad, cultura, ley, etc
Ale nie kłóćcie się z nami tak długo, jak długo stosujecie standardy waszych burżuazyjnych pojęć wolności, kultury, prawa itd
Vuestras mismas ideas no son más que el resultado de las condiciones de la producción burguesa y de la propiedad burguesa
Same wasze idee są tylko wytworem warunków waszej burżuazyjnej produkcji i burżuazyjnej własności
del mismo modo que vuestra jurisprudencia no es más que la voluntad de vuestra clase convertida en ley para todos
tak jak wasza jurysprudzja jest tylko wolą waszej klasy, która została przekształcona w prawo dla wszystkich
El carácter esencial y la dirección de esta voluntad están determinados por las condiciones económicas que crea su clase social
Zasadniczy charakter i kierunek tej woli są zdeterminowane przez warunki ekonomiczne, jakie stwarza wasza klasa społeczna
El concepto erróneo egoísta que te induce a transformar las formas sociales en leyes eternas de la naturaleza y de la razón
Samolubne błędne przekonanie, które skłania cię do przekształcania form społecznych w wieczne prawa natury i rozumu
las formas sociales que brotan de vuestro actual modo de producción y de vuestra forma de propiedad
Formy społeczne wyrastające z waszego obecnego sposobu produkcji i formy własności
relaciones históricas que surgen y desaparecen en el progreso de la producción

Historyczne stosunki, które powstają i zanikają w postępie produkcji

Este concepto erróneo lo compartes con todas las clases dominantes que te han precedido

To błędne przekonanie dzielicie z każdą klasą rządzącą, która was poprzedziła

Lo que se ve claramente en el caso de la propiedad antigua, lo que se admite en el caso de la propiedad feudal

To, co widzisz wyraźnie w przypadku własności starożytnej, co przyznajesz w przypadku własności feudalnej

estas cosas, por supuesto, le está prohibido admitir en el caso de su propia forma burguesa de propiedad

Do tych rzeczy nie wolno wam oczywiście przyznawać się w przypadku waszej własnej, burżuazyjnej formy własności

¡Abolición de la familia! Hasta los más radicales estallan ante esta infame propuesta de los comunistas

Zniesienie rodziny! Nawet najbardziej radykalni wybuchają na tę haniebną propozycję komunistów

¿Sobre qué base se asienta la familia actual, la familia Bourgeoisie?

Na jakim fundamencie opiera się obecna rodzina, rodzina burżuazyjna?

La base de la familia actual se basa en el capital y la ganancia privada

Fundament obecnej rodziny opiera się na kapitale i prywatnym zysku

En su forma completamente desarrollada, esta familia sólo existe entre la burguesía

W swej całkowicie rozwiniętej formie rodzina ta istnieje tylko wśród burżuazji

Este estado de cosas encuentra su complemento en la ausencia práctica de la familia entre los proletarios

Dopełnieniem tego stanu rzeczy jest praktyczna nieobecność rodziny wśród proletariuszy

Este estado de cosas se puede encontrar en la prostitución pública

Taki stan rzeczy można znaleźć w publicznej prostytucji

La familia Bourgeoisie se desvanecerá como algo natural cuando su complemento se desvanezca

Rodzina burżuazyjna zniknie jako rzecz oczywista, gdy zniknie jej dopełnienie

y ambos se desvanecerán con la desaparición del capital

i obie te rzeczy znikną wraz ze zniknięciem kapitału

¿Nos acusan de querer detener la explotación de los niños por parte de sus padres?

Czy zarzuca nam Pan, że chcemy powstrzymać wykorzystywanie dzieci przez ich rodziców?

De este crimen nos declaramos culpables

Do tej zbrodni przyznajemy się

Pero, dirás, destruimos la más sagrada de las relaciones, cuando reemplazamos la educación en el hogar por la educación social

Ale, powiecie, niszczymy najświętsze stosunki, kiedy zastępujemy edukację domową edukacją społeczną

¿No es también social su educación? ¿Y no está determinado por las condiciones sociales en las que se educa?

Czy twoje wykształcenie nie jest również społeczne? A czyż nie są one zdeterminowane warunkami społecznymi, w jakich się kształcicie?

por la intervención, directa o indirecta, de la sociedad, por medio de las escuelas, etc.

poprzez bezpośrednią lub pośrednią interwencję społeczeństwa, szkół itp.

Los comunistas no han inventado la intervención de la sociedad en la educación

Komuniści nie wymyślili interwencji społeczeństwa w edukację

lo único que pretenden es alterar el carácter de esa intervención

Dążą one jedynie do zmiany charakteru tej interwencji

y buscan rescatar la educación de la influencia de la clase dominante

i starają się uratować edukację przed wpływami klasy
rządzącej
**La burguesía habla de la sagrada correlación entre padres e
hijos**
Burżuazja mówi o uświęconym współzwiązku rodzica i
dziecka
**pero esta trampa sobre la familia y la educación se vuelve
aún más repugnante cuando miramos a la industria moderna**
ale ta pułapka na temat rodziny i edukacji staje się jeszcze
bardziej obrzydliwa, gdy spojrzymy na Współczesny
Przemysł
**Todos los lazos familiares entre los proletarios son
desgarrados por la industria moderna**
Wszystkie więzy rodzinne między proletariuszami są
rozrywane przez nowoczesny przemysł
**Sus hijos se transforman en simples artículos de comercio e
instrumentos de trabajo**
Ich dzieci stają się prostymi przedmiotami handlu i
narzędziami pracy
**Pero vosotros, los comunistas, creáis una comunidad de
mujeres, grita a coro toda la burguesía**
Ale wy, komuniści, stworzylibyście wspólnotę kobiet, krzyczy
chórem cała burżuazja
**La burguesía ve en su mujer un mero instrumento de
producción**
Burżuazja widzi w żonie jedynie narzędzie produkcji
**Oye que los instrumentos de producción deben ser
explotados por todos**
Słyszy, że narzędzia produkcji mają być eksploatowane przez
wszystkich
**Y, naturalmente, no puede llegar a otra conclusión que la de
que la suerte de ser común a todos recaerá igualmente en las
mujeres**
I, naturalnie, nie może dojść do innego wniosku niż ten, że los
bycia wspólnym dla wszystkich przypadnie również
kobietom

Ni siquiera sospecha que el verdadero objetivo es acabar con la condición de la mujer como meros instrumentos de producción

Nie podejrzewa nawet, że prawdziwym celem jest zniesienie statusu kobiet jako zwykłych narzędzi produkcji

Por lo demás, nada es más ridículo que la virtuosa indignación de nuestra burguesía contra la comunidad de mujeres

Co do reszty, nie ma nic śmieszniejszego niż cnotliwe oburzenie naszej burżuazji na wspólnotę kobiet

pretenden que sea abierta y oficialmente establecida por los comunistas

udają, że jest ona jawnie i oficjalnie ustanowiona przez komunistów

Los comunistas no tienen necesidad de introducir la comunidad de mujeres, ha existido casi desde tiempos inmemoriales

Komuniści nie mają potrzeby wprowadzania wspólnoty kobiet, istnieje ona niemal od niepamiętnych czasów

Nuestra burguesía no se contenta con tener a su disposición a las mujeres e hijas de sus proletarios

Nasza burżuazja nie zadowala się tym, że ma do dyspozycji żony i córki swoich proletariuszy

Tienen el mayor placer en seducir a las esposas de los demás

Największą przyjemność sprawia im uwodzenie nawzajem swoich żon

Y eso sin hablar de las prostitutas comunes

Nie mówiąc już o pospolitych prostytutkach

El matrimonio burgués es en realidad un sistema de esposas en común

Małżeństwo burżuazyjne jest w rzeczywistości systemem wspólnych żon

entonces hay una cosa que se podría reprochar a los comunistas

Jest jeszcze jedna rzecz, którą można by zarzucić komunistom

Desean introducir una comunidad de mujeres abiertamente legalizada
Pragną wprowadzić otwarcie zalegalizowaną wspólnotę kobiet
en lugar de una comunidad de mujeres hipócritamente oculta
a nie obłudnie skrywana wspólnota kobiet
la comunidad de mujeres que surgen del sistema de producción
Wspólnota kobiet wyrastająca z systemu produkcji
abolid el sistema de producción y abolid la comunidad de mujeres
Zlikwidujcie system produkcji, a zlikwidujecie wspólnotę kobiet
Se suprime la prostitución pública y la prostitución privada
Zniesiona zostaje zarówno prostytucja publiczna, jak i prywatna
A los comunistas se les reprocha, además, que desean abolir los países y las nacionalidades
Komunistom zarzuca się ponadto, że dążą do zniesienia państw i narodowości
Los trabajadores no tienen patria, así que no podemos quitarles lo que no tienen
Robotnicy nie mają ojczyzny, więc nie możemy im odebrać tego, czego nie dostali
El proletariado debe, ante todo, adquirir la supremacía política
Proletariat musi przede wszystkim zdobyć przewagę polityczną
El proletariado debe elevarse para ser la clase dirigente de la nación
Proletariat musi wyrosnąć na klasę przywódczą narodu
El proletariado debe constituirse en la nación
Proletariat musi ukonstytuować się jako naród
es, hasta ahora, nacional, aunque no en el sentido burgués de la palabra

jest ona jak dotąd sama narodowa, choć nie w burżuazyjnym
znaczeniu tego słowa

**Las diferencias nacionales y los antagonismos entre los
pueblos desaparecen cada día más**

Różnice i antagonizmy narodowe między narodami zanikają z
dnia na dzień coraz bardziej

**debido al desarrollo de la burguesía, a la libertad de
comercio, al mercado mundial**

dzięki rozwojowi burżuazji, wolności handlu, rynkowi
światowemu

**a la uniformidad en el modo de producción y en las
condiciones de vida correspondientes**

jednolitości sposobu produkcji i odpowiadających mu
warunków życia

**La supremacía del proletariado hará que desaparezcan aún
más rápidamente**

Panowanie proletariatu spowoduje, że znikną oni jeszcze
szybciej

**La acción unida, al menos de los principales países
civilizados, es una de las primeras condiciones para la
emancipación del proletariado**

Zjednoczone działanie, przynajmniej wiodących krajów
cywilizowanych, jest jednym z pierwszych warunków
wyzwolenia proletariatu

**En la medida en que se ponga fin a la explotación de un
individuo por otro, también se pondrá fin a la explotación de
una nación por otra.**

W miarę jak kończy się wyzysk jednego narodu przez drugi,
położy się również kres wyzyskowi jednego narodu przez
drugi

**A medida que desaparezca el antagonismo entre las clases
dentro de la nación, la hostilidad de una nación hacia otra
llegará a su fin**

W miarę jak zanikają antagonizmy między klasami wewnątrz
narodu, kończy się wrogość jednego narodu do drugiego

Las acusaciones contra el comunismo hechas desde un punto de vista religioso, filosófico y, en general, ideológico, no merecen un examen serio

Zarzuty stawiane komunizmowi z religijnego, filozoficznego i w ogóle ideologicznego punktu widzenia nie zasługują na poważną analizę

¿Se requiere una intuición profunda para comprender que las ideas, puntos de vista y concepciones del hombre cambian con cada cambio en las condiciones de su existencia material?

Czy potrzeba głębokiej intuicji, aby pojąć, że idee, poglądy i koncepcje człowieka zmieniają się wraz z każdą zmianą warunków jego materialnej egzystencji?

¿No es obvio que la conciencia del hombre cambia cuando cambian sus relaciones sociales y su vida social?

Czyż nie jest rzeczą oczywistą, że świadomość człowieka zmienia się, gdy zmieniają się jego stosunki społeczne i życie społeczne?

¿Qué otra cosa prueba la historia de las ideas sino que la producción intelectual cambia de carácter a medida que cambia la producción material?

Czegóż innego dowodzi historia idei, jeśli nie tego, że produkcja intelektualna zmienia swój charakter w miarę jak zmienia się produkcja materialna?

Las ideas dominantes de cada época han sido siempre las ideas de su clase dominante

Idee rządzące każdej epoki zawsze były ideami klasy rządzącej

Cuando se habla de ideas que revolucionan la sociedad, no hace más que expresar un hecho

Kiedy ludzie mówią o ideach, które rewolucjonizują społeczeństwo, wyrażają tylko jeden fakt

Dentro de la vieja sociedad, se han creado los elementos de una nueva

W starym społeczeństwie powstały elementy nowego

y que la disolución de las viejas ideas sigue el mismo ritmo que la disolución de las viejas condiciones de existencia

i że rozpad starych idei dotrzymuje kroku rozkładowi starych warunków bytu

Cuando el mundo antiguo estaba en sus últimos estertores, las religiones antiguas fueron vencidas por el cristianismo

Kiedy starożytny świat przeżywał swój ostatni upadek, starożytne religie zostały pokonane przez chrześcijaństwo

Cuando las ideas cristianas sucumbieron en el siglo XVIII a las ideas racionalistas, la sociedad feudal libró su batalla a muerte contra la burguesía revolucionaria de entonces

Kiedy w XVIII wieku idee chrześcijańskie uległy ideom racjonalistycznym, społeczeństwo feudalne stoczyło śmiertelną walkę z rewolucyjną wówczas burżuazją

Las ideas de la libertad religiosa y de la libertad de conciencia no hacían más que expresar el dominio de la libre competencia en el dominio del conocimiento

Idee wolności religijnej i wolności sumienia dały jedynie wyraz wpływowi wolnej konkurencji w dziedzinie wiedzy

"Indudablemente", se dirá, "las ideas religiosas, morales, filosóficas y jurídicas se han modificado en el curso del desarrollo histórico"

Ktoś powie, że "niewątpliwie idee religijne, moralne, filozoficzne i prawne ulegały zmianom w ciągu rozwoju historycznego"

"Pero la religión, la filosofía de la moral, la ciencia política y el derecho, sobrevivieron constantemente a este cambio"

"Jednak religia, moralność, filozofia, nauki polityczne i prawo, nieustannie przetrwały tę zmianę"

"También hay verdades eternas, como la Libertad, la Justicia, etc."

"Istnieją również wieczne prawdy, takie jak Wolność, Sprawiedliwość itp."

"Estas verdades eternas son comunes a todos los estados de la sociedad"

"Te wieczne prawdy są wspólne dla wszystkich stanów społecznych"

"Pero el comunismo suprime las verdades eternas, suprime toda religión y toda moral"

"Ale komunizm znosi wieczne prawdy, znosi wszelką religię i wszelką moralność"

"Lo hace en lugar de constituirlos sobre una nueva base"

"Robi to, zamiast tworzyć je na nowych podstawach"

"Por lo tanto, actúa en contradicción con toda la experiencia histórica pasada"

"Działa zatem w sprzeczności z całym przeszłym doświadczeniem historycznym"

¿A qué se reduce esta acusación?

Do czego sprowadza się to oskarżenie?

La historia de toda la sociedad pasada ha consistido en el desarrollo de antagonismos de clase

Historia całego minionego społeczeństwa polegała na rozwoju przeciwieństw klasowych

antagonismos que asumieron diferentes formas en diferentes épocas

antagonizmy, które przybierały różne formy w różnych epokach

Pero cualquiera que sea la forma que hayan tomado, un hecho es común a todas las épocas pasadas

Bez względu jednak na to, jaką formę przybrały, jeden fakt jest wspólny dla wszystkich minionych wieków

la explotación de una parte de la sociedad por la otra

wyzysk jednej części społeczeństwa przez drugą

No es de extrañar, pues, que la conciencia social de épocas pasadas se mueva dentro de ciertas formas comunes o ideas generales

Nic więc dziwnego, że świadomość społeczna minionych wieków porusza się w obrębie pewnych pospolitych form lub ogólnych idei

(y eso a pesar de toda la multiplicidad y variedad que muestra)

(i to pomimo całej mnogości i różnorodności, jaką prezentuje)

y éstos no pueden desaparecer por completo sino con la desaparición total de los antagonismos de clase

A te nie mogą zniknąć zupełnie, chyba że wraz z całkowitym zanikiem przeciwieństw klasowych

La revolución comunista es la ruptura más radical con las relaciones tradicionales de propiedad

Rewolucja komunistyczna jest najbardziej radykalnym zerwaniem z tradycyjnymi stosunkami własności

No es de extrañar que su desarrollo implique la ruptura más radical con las ideas tradicionales

Nic dziwnego, że jego rozwój wiąże się z najbardziej radykalnym zerwaniem z tradycyjnymi ideami

Pero dejemos de lado las objeciones de la burguesía al comunismo

Ale skończmy z burżuazyjnymi zarzutami wobec komunizmu

Hemos visto más arriba el primer paso de la revolución de la clase obrera

Widzieliśmy powyżej pierwszy krok w rewolucji klasy robotniczej

Hay que elevar al proletariado a la posición de gobernante, para ganar la batalla de la democracia

Proletariat musi zostać podniesiony do pozycji panującej, aby wygrać bitwę o demokrację

El proletariado utilizará su supremacía política para arrebatar, poco a poco, todo el capital a la burguesía

Proletariat wykorzysta swoją polityczną supremację, aby stopniowo wyrwać burżuazji cały kapitał

centralizará todos los instrumentos de producción en manos del Estado

scentralizuje wszystkie instrumenty produkcji w rękach państwa

En otras palabras, el proletariado organizado como clase dominante

Innymi słowy, proletariat zorganizował się jako klasa panująca y aumentará el total de las fuerzas productivas lo más rápidamente posible

i zwiększy sumę sił wytwórczych tak szybko, jak to możliwe

Por supuesto, al principio, esto no puede llevarse a cabo sino por medio de incursiones despóticas en los derechos de propiedad

Oczywiście, na początku nie można tego dokonać inaczej, jak tylko za pomocą despotycznych ingerencji w prawa własności

y tiene que lograrse en las condiciones de la producción burguesa

i musi być osiągnięta na warunkach burżuazyjnej produkcji

Por lo tanto, se logra mediante medidas que parecen económicamente insuficientes e insostenibles

Osiąga się to zatem za pomocą środków, które z ekonomicznego punktu widzenia wydają się niewystarczające i niemożliwe do utrzymania

pero estos medios, en el curso del movimiento, se superan a sí mismos

Ale te środki, w trakcie ruchu, wyprzedzają same siebie

Requieren nuevas incursiones en el viejo orden social

Wymuszają one dalsze ingerencje w stary porządek społeczny

y son ineludibles como medio de revolucionar por completo el modo de producción

i są nieuniknione jako środek do całkowitego zrewolucjonizowania sposobu produkcji

Por supuesto, estas medidas serán diferentes en los distintos países

Środki te będą oczywiście różne w różnych krajach

Sin embargo, en los países más avanzados, lo siguiente será de aplicación bastante general

Niemniej jednak w najbardziej rozwiniętych krajach następujące zasady będą miały dość ogólne zastosowanie

1. Abolición de la propiedad de la tierra y aplicación de todas las rentas de la tierra a fines públicos.

1. Zniesienie własności gruntów i przeznaczenie wszystkich rent gruntowych na cele publiczne.

2. Un fuerte impuesto progresivo o gradual sobre la renta.

2. Wysoki progresywny lub progresywny podatek dochodowy.

3. Abolición de todo derecho de herencia.

3. Zniesienie wszelkich praw dziedziczenia.

4. Confiscación de los bienes de todos los emigrantes y rebeldes.

4. Konfiskata majątku wszystkich emigrantów i buntowników.

5. Centralización del crédito en manos del Estado, por medio de un banco nacional de capital estatal y monopolio exclusivo.

5. Centralizacja kredytu w rękach państwa za pomocą banku narodowego z kapitałem państwowym i wyłącznym monopolem.

6. Centralización de los medios de comunicación y transporte en manos del Estado.

6. Centralizacja środków komunikacji i transportu w rękach państwa.

7. Ampliación de fábricas e instrumentos de producción propiedad del Estado

7. Rozbudowa fabryk i urządzeń produkcji będących własnością państwa

la puesta en cultivo de tierras baldías y el mejoramiento del suelo en general de acuerdo con un plan común.

zagospodarowanie nieużytków i poprawa stanu gleby na ogół zgodnie ze wspólnym planem.

8. Igual responsabilidad de todos hacia el trabajo

8. Równa odpowiedzialność wszystkich wobec pracy

Establecimiento de ejércitos industriales, especialmente para la agricultura.

Tworzenie armii przemysłowych, zwłaszcza dla rolnictwa.

9. Combinación de la agricultura con las industrias manufactureras

9. Połączenie rolnictwa z przemysłem wytwórczym

Abolición gradual de la distinción entre la ciudad y el campo, por una distribución más equitativa de la población en todo el país.

stopniowe zniesienie różnicy między miastem a wsią przez bardziej równomierne rozmieszczenie ludności na wsi.

10. Educación gratuita para todos los niños en las escuelas públicas.

10. Bezpłatna edukacja dla wszystkich dzieci w szkołach publicznych.

Abolición del trabajo infantil en las fábricas en su forma actual

Zniesienie pracy dzieci w fabrykach w obecnej formie

Combinación de la educación con la producción industrial

Połączenie edukacji z produkcją przemysłową

Cuando, en el curso del desarrollo, las distinciones de clase han desaparecido

Kiedy w toku rozwoju zniknęły różnice klasowe

y cuando toda la producción se ha concentrado en manos de una vasta asociación de toda la nación

i kiedy cała produkcja została skoncentrowana w rękach ogromnego stowarzyszenia całego narodu

entonces el poder público perderá su carácter político

Wtedy władza publiczna straci swój polityczny charakter

El poder político, propiamente dicho, no es más que el poder organizado de una clase para oprimir a otra

Władza polityczna, w ścisłym tego słowa znaczeniu, jest tylko zorganizowaną władzą jednej klasy w celu uciskania drugiej

Si el proletariado, en su lucha contra la burguesía, se ve obligado, por la fuerza de las circunstancias, a organizarse como clase

Jeżeli proletariat w czasie walki z burżuazją zmuszony jest siłą okoliczności do zorganizowania się jako klasa

si, por medio de una revolución, se convierte en la clase dominante

jeśli za pomocą rewolucji uczyni z siebie klasę panującą

y, como tal, barre por la fuerza las viejas condiciones de producción

i jako taka siłą zmiata stare warunki produkcji

entonces, junto con estas condiciones, habrá barrido las condiciones para la existencia de los antagonismos de clase y de las clases en general

Wtedy wraz z tymi warunkami zmiecie ona warunki istnienia przeciwieństw klasowych i klas w ogóle

y con ello habrá abolido su propia supremacía como clase.

i w ten sposób zniesie swoją własną supremację jako klasa.

En lugar de la vieja sociedad burguesa, con sus clases y sus antagonismos de clase, tendremos una asociación

W miejsce starego społeczeństwa burżuazyjnego, z jego klasami i przeciwieństwami klasowymi, będziemy mieli stowarzyszenie

una asociación en la que el libre desarrollo de cada uno sea la condición para el libre desarrollo de todos

stowarzyszenie, w którym swobodny rozwój każdego jest warunkiem swobodnego rozwoju wszystkich

1) Socialismo reaccionario
1) Reakcyjny socjalizm

a) Socialismo feudal
a) Socjalizm feudalny

las aristocracias de Francia e Inglaterra tenían una posición histórica única
arystokracja Francji i Anglii miała wyjątkową pozycję historyczną
se convirtió en su vocación escribir panfletos contra la sociedad burguesa moderna
Ich powołaniem stało się pisanie pamfletów przeciwko nowoczesnemu społeczeństwu burżuazyjnemu
En la Revolución Francesa de julio de 1830 y en la agitación reformista inglesa
W rewolucji francuskiej lipca 1830 r. i w angielskiej agitacji reformatorskiej
Estas aristocracias sucumbieron de nuevo ante el odioso advenedizo
Arystokracje te ponownie uległy znienawidzonemu parweniuszowi
A partir de entonces, una contienda política seria quedó totalmente fuera de discusión
Odtąd poważna walka polityczna nie wchodziła w rachubę
Todo lo que quedaba posible era una batalla literaria, no una batalla real
Jedyne, co pozostało możliwe, to bitwa literacka, a nie prawdziwa bitwa
Pero incluso en el dominio de la literatura, los viejos gritos del período de la restauración se habían vuelto imposibles
Ale nawet w dziedzinie literatury dawne krzyki z okresu restauracji stały się niemożliwe
Para despertar simpatías, la aristocracia se vio obligada a perder de vista, aparentemente, sus propios intereses

Aby wzbudzić sympatię, arystokracja musiała stracić z oczu
własne interesy

**y se vieron obligados a formular su acusación contra la
burguesía en interés de la clase obrera explotada**

i byli zmuszeni sformułować swój akt oskarżenia przeciwko
burżuazji w interesie wyzyskiwanej klasy robotniczej

Así, la aristocracia se vengó cantando sátiras a su nuevo amo

W ten sposób arystokracja zemściła się, śpiewając paszkwile
na swojego nowego pana

**y se vengaron susurrándole al oído siniestras profecías de
catástrofe venidera**

i zemścili się, szepcząc mu do uszu złowrogie proroctwa o
nadchodzącej katastrofie

**De esta manera surgió el socialismo feudal: mitad
lamentación, mitad sátira**

W ten sposób powstał socjalizm feudalny: na poły lament, na
poły paszkwil

**Sonaba como medio eco del pasado y proyectaba mitad
amenaza del futuro**

Rozbrzmiewało jak na wpół echo przeszłości, a na wpół
widmo przyszłości

**a veces, con su crítica amarga, ingeniosa e incisiva, golpeó a
la burguesía hasta la médula**

niekiedy swoją gorzką, dowcipną i przenikliwą krytyką
uderzała burżuazję do głębi

**pero siempre fue ridículo en su efecto, por su total
incapacidad para comprender la marcha de la historia
moderna**

ale zawsze było to śmieszne w skutkach, przez całkowitą
niezdolność do zrozumienia marszu nowożytnej historii

**La aristocracia, con el fin de atraer al pueblo hacia ellos,
agitaba la bolsa de limosnas proletaria delante como una
bandera**

Arystokracja, aby zjednoczyć lud wokół siebie, wymachiwała
proletariacką torbą jałmużny przed sobą po sztandar

Pero el pueblo, tan a menudo como se unía a ellos, veía en sus cuartos traseros los antiguos escudos de armas feudales
Lud zaś, ilekroć się do nich przyłączał, widział na tylnych stronach stare feudalne herby

y desertaron con carcajadas ruidosas e irreverentes
i odeszli z głośnym i lekceważącym śmiechem

Un sector de los legitimistas franceses y de la "Joven Inglaterra" exhibió este espectáculo
Jedna z sekcji francuskich legitymistów i "Młodej Anglii" wystawiła ten spektakl

los feudales señalaban que su modo de explotación era diferente al de la burguesía
feudałowie wskazywali, że ich sposób wyzysku jest inny niż burżuazji

Los feudales olvidan que explotaron en circunstancias y condiciones muy diferentes
Feudałowie zapominają, że wyzyskiwali w zupełnie innych okolicznościach i warunkach

Y no se dieron cuenta de que tales métodos de explotación ahora son anticuados
I nie zauważyli, że takie metody wyzysku są już przestarzałe

demostraron que, bajo su gobierno, el proletariado moderno nunca existió
Pokazali, że pod ich rządami nowoczesny proletariat nigdy nie istniał

pero olvidan que la burguesía moderna es el vástago necesario de su propia forma de sociedad
Zapominają jednak, że współczesna burżuazja jest koniecznym potomstwem ich własnej formy społeczeństwa

Por lo demás, apenas ocultan el carácter reaccionario de su crítica
Co do reszty, z trudem ukrywają reakcyjny charakter swojej krytyki

su principal acusación contra la burguesía es la siguiente
Ich główny zarzut wobec burżuazji sprowadza się do tego, co następuje

bajo el régimen de la burguesía se está desarrollando una
clase social

w ustroju burżuazyjnym rozwija się klasa społeczna

Esta clase social está destinada a cortar de raíz el viejo orden
de la sociedad

Przeznaczeniem tej klasy społecznej jest zapuszczenie korzeni
i rozgałęzienie starego porządku społecznego

Lo que reprochan a la burguesía no es tanto que cree un
proletariado

To, co ganią burżuazję, to nie tyle to, że tworzy ona proletariat

lo que reprochan a la burguesía es más bien que crea un
proletariado revolucionario

to, co ganią burżuazję, to tym bardziej, że tworzy ona
rewolucyjny proletariat

En la práctica política, por lo tanto, se unen a todas las
medidas coercitivas contra la clase obrera

Dlatego w praktyce politycznej przyłączają się oni do
wszelkich środków przymusu przeciwko klasie robotniczej

Y en la vida ordinaria, a pesar de sus frases altisonantes, se
inclinan a recoger las manzanas de oro que caen del árbol de
la industria

A w zwykłym życiu, pomimo swoich górnolotnych frazesów,
pochylają się, by podnieść złote jabłka upuszczone z drzewa
przemysłu

y trocan la verdad, el amor y el honor por el comercio de
lana, azúcar de remolacha y aguardiente de patata

Wymieniają też prawdę, miłość i honor na handel wełną,
cukrem buraczanym i spirytusem ziemniaczanym

Así como el párroco ha ido siempre de la mano con el
terrateniente, así también lo ha hecho el socialismo clerical
con el socialismo feudal

Tak jak proboszcz zawsze szedł ręka w rękę z właścicielem
ziemskim, tak socjalizm klerykalny z socjalizmem feudalnym

Nada es más fácil que dar al ascetismo cristiano un tinte
socialista

Nie ma nic prostszego niż nadać chrześcijańskiej ascezie socjalistyczne zabarwienie

¿No ha declamado el cristianismo contra la propiedad privada, contra el matrimonio, contra el Estado?

Czyż chrześcijaństwo nie wypowiadało się przeciwko własności prywatnej, przeciwko małżeństwu, przeciwko państwu?

¿No ha predicado el cristianismo en lugar de estos, la caridad y la pobreza?

Czyż chrześcijaństwo nie nauczało w ich miejsce miłości bliźniego i ubóstwa?

¿Acaso el cristianismo no predica el celibato y la mortificación de la carne, la vida monástica y la Madre Iglesia?

Czyż chrześcijaństwo nie głosi celibatu i umartwienia ciała, życia monastycznego i Matki Kościoła?

El socialismo cristiano no es más que el agua bendita con la que el sacerdote consagra los ardores del corazón del aristócrata

Chrześcijański socjalizm jest tylko wodą święconą, którą ksiądz uświęca palące serce arystokraty

b) Socialismo pequeñoburgués
b) Socjalizm drobnomieszczański

La aristocracia feudal no fue la única clase arruinada por la burguesía
Arystokracja feudalna nie była jedyną klasą, która została zrujnowana przez burżuazję
no fue la única clase cuyas condiciones de existencia languidecieron y perecieron en la atmósfera de la sociedad burguesa moderna
Nie była to jedyna klasa, której warunki egzystencji tęskniły i ginęły w atmosferze nowoczesnego społeczeństwa burżuazyjnego
Los burgueses medievales y los pequeños propietarios campesinos fueron los precursores de la burguesía moderna
Średniowieczne mieszczaństwo i drobni chłopi byli prekursorami nowożytnego mieszczaństwa
En los países poco desarrollados, industrial y comercialmente, estas dos clases siguen vegetando una al lado de la otra
W krajach słabo rozwiniętych pod względem przemysłowym i handlowym te dwie klasy wegetują jeszcze obok siebie
y mientras tanto la burguesía se levanta junto a ellos: industrial, comercial y políticamente
a tymczasem obok nich powstaje burżuazja: przemysłowo, handlowo i politycznie
En los países donde la civilización moderna se ha desarrollado plenamente, se ha formado una nueva clase de pequeña burguesía
W krajach, w których cywilizacja nowożytna stała się w pełni rozwinięta, ukształtowała się nowa klasa drobnomieszczaństwa
esta nueva clase social fluctúa entre el proletariado y la burguesía
ta nowa klasa społeczna oscyluje między proletariatem a burżuazją

y siempre se renueva como parte complementaria de la sociedad burguesa

i wciąż się odnawia jako uzupełniająca część społeczeństwa burżuazyjnego

Sin embargo, los miembros individuales de esta clase son constantemente arrojados al proletariado

Poszczególni członkowie tej klasy są jednak nieustannie spychani w proletariat

son absorbidos por el proletariado a través de la acción de la competencia

Są one zasysane przez proletariat poprzez działanie konkurencji

A medida que la industria moderna se desarrolla, incluso ven acercarse el momento en que desaparecerán por completo como sección independiente de la sociedad moderna

Wraz z rozwojem nowoczesnego przemysłu widzą nawet zbliżający się moment, w którym całkowicie znikną jako niezależna część nowoczesnego społeczeństwa

Serán reemplazados, en las manufacturas, la agricultura y el comercio, por vigilantes, alguaciles y tenderos

W manufakturach, rolnictwie i handlu zastąpią ich dozorcy, komornicy i sklepikarze

En países como Francia, donde los campesinos constituyen mucho más de la mitad de la población

W krajach takich jak Francja, gdzie chłopi stanowią znacznie więcej niż połowę ludności

era natural que hubiera escritores que se pusieran del lado del proletariado contra la burguesía

było rzeczą naturalną, że znaleźli się pisarze, którzy stanęli po stronie proletariatu przeciwko burżuazji

en su crítica al régimen burgués utilizaron el estandarte de la pequeña burguesía campesina

w krytyce ustroju burżuazyjnego posługiwali się sztandarem chłopskim i drobnomieszczaństwa

Y desde el punto de vista de estas clases intermedias, toman el garrote de la clase obrera

Z punktu widzenia tych klas pośrednich przejmują pałki dla klasy robotniczej

Así surgió el socialismo pequeñoburgués, del que Sismondi era el jefe de esta escuela, no sólo en Francia, sino también en Inglaterra

W ten sposób powstał socjalizm drobnomieszczański, którego Sismondi był szefem tej szkoły, nie tylko we Francji, ale i w Anglii

Esta escuela del socialismo diseccionó con gran agudeza las contradicciones de las condiciones de producción moderna

Ta szkoła socjalizmu z wielką wnikliwością analizowała sprzeczności w warunkach nowoczesnej produkcji

Esta escuela puso al descubierto las apologías hipócritas de los economistas

Szkoła ta obnażyła obłudne przeprosiny ekonomistów

Esta escuela demostró, incontrovertiblemente, los efectos desastrosos de la maquinaria y de la división del trabajo

Szkoła ta dowiodła niezaprzeczalnie zgubnych skutków maszyn i podziału pracy

Probó la concentración del capital y de la tierra en pocas manos

Dowodziło to koncentracji kapitału i ziemi w rękach nielicznych

demostró cómo la sobreproducción conduce a las crisis de la burguesía

dowiodła, jak nadprodukcja prowadzi do kryzysów burżuazji

señalaba la ruina inevitable de la pequeña burguesía y del campesino

wskazywał na nieuchronną ruinę drobnomieszczaństwa i chłopstwa

la miseria del proletariado, la anarquía en la producción, las desigualdades flagrantes en la distribución de la riqueza

nędza proletariatu, anarchia w produkcji, rażące nierówności w podziale bogactwa

Mostró cómo el sistema de producción lidera la guerra industrial de exterminio entre naciones

Pokazała, w jaki sposób system produkcji prowadzi przemysłową wojnę eksterminacyjną między narodami

la disolución de los viejos lazos morales, de las viejas relaciones familiares, de las viejas nacionalidades

Rozpad starych więzów moralnych, starych stosunków rodzinnych, starych narodowości

Sin embargo, en sus objetivos positivos, esta forma de socialismo aspira a lograr una de dos cosas

Jednak w swoich pozytywnych celach ta forma socjalizmu dąży do osiągnięcia jednej z dwóch rzeczy

o bien pretende restaurar los antiguos medios de producción y de intercambio

albo ma na celu przywrócenie starych środków produkcji i wymiany

y con los viejos medios de producción restauraría las viejas relaciones de propiedad y la vieja sociedad

A przy starych środkach produkcji przywróciłoby dawne stosunki własności i stare społeczeństwo

o pretende apretar los medios modernos de producción e intercambio en el viejo marco de las relaciones de propiedad

albo też dąży do włoczenia nowoczesnych środków produkcji i wymiany w stare ramy stosunków własności

En cualquier caso, es a la vez reaccionario y utópico

W obu przypadkach jest ona zarówno reakcyjna, jak i utopijna

Sus últimas palabras son: gremios corporativos para la manufactura, relaciones patriarcales en la agricultura

Jego ostatnie słowa brzmią: korporacyjne cechy manufakturowe, patriarchalne stosunki w rolnictwie

En última instancia, cuando los obstinados hechos históricos habían dispersado todos los efectos embriagadores del autoengaño

Ostatecznie, gdy uparte fakty historyczne rozproszyły wszystkie odurzające skutki samooszukiwania się

esta forma de socialismo terminó en un miserable ataque de lástima

ta forma socjalizmu zakończyła się żałosnym napadem litości

c) Socialismo alemán o "verdadero"

c) Socjalizm niemiecki lub "prawdziwy"

La literatura socialista y comunista de Francia se originó bajo la presión de una burguesía en el poder

Literatura socjalistyczna i komunistyczna Francji powstała pod naciskiem burżuazji u władzy

Y esta literatura era la expresión de la lucha contra este poder

I ta literatura była wyrazem walki z tą potęgą

se introdujo en Alemania en un momento en que la burguesía acababa de comenzar su lucha contra el absolutismo feudal

Została ona wprowadzona do Niemiec w czasie, gdy burżuazja dopiero zaczynała walkę z feudalnym absolutyzmem

Los filósofos alemanes, los aspirantes a filósofos y los beaux esprits, se apoderaron con avidez de esta literatura

Niemieccy filozofowie, niedoszli filozofowie i beaux esprits skwapliwie sięgali po tę literaturę

pero olvidaron que los escritos emigraron de Francia a Alemania sin traer consigo las condiciones sociales francesas

Zapomnieli jednak, że pisma te wyemigrowały z Francji do Niemiec, nie przynosząc ze sobą francuskich warunków społecznych

En contacto con las condiciones sociales alemanas, esta literatura francesa perdió toda su significación práctica inmediata

W zetknięciu z niemieckimi warunkami społecznymi literatura francuska utraciła całe swoje bezpośrednie znaczenie praktyczne

y la literatura comunista de Francia asumió un aspecto
puramente literario en los círculos académicos alemanes
a literatura komunistyczna Francji nabrała w niemieckich
kręgach akademickich aspektu czysto literackiego
Así, las exigencias de la primera Revolución Francesa no
eran más que las exigencias de la "Razón Práctica"
Tak więc żądania pierwszej Rewolucji Francuskiej nie były
niczym więcej niż żądaniami "Rozumu Praktycznego"
y la expresión de la voluntad de la burguesía revolucionaria
francesa significaba a sus ojos la ley de la voluntad pura
a wypowiedzenie woli rewolucyjnej burżuazji francuskiej
oznaczało w ich oczach prawo czystej woli
significaba la Voluntad tal como estaba destinada a ser; de la
verdadera Voluntad humana en general
oznaczało to wolę taką, jaka być musiała być; prawdziwej
ludzkiej woli na ogół
El mundo de los literatos alemanes consistía únicamente en
armonizar las nuevas ideas francesas con su antigua
conciencia filosófica
Świat niemieckich literatów polegał wyłącznie na
doprowadzeniu nowych francuskich idei do harmonii z ich
starożytnym sumieniem filozoficznym
o mejor dicho, se anexionaron las ideas francesas sin
abandonar su propio punto de vista filosófico
a raczej zaanektowali francuskie idee, nie porzucając własnego
filozoficznego punktu widzenia
Esta anexión se llevó a cabo de la misma manera en que se
apropia una lengua extranjera, es decir, por traducción
Aneksja ta odbyła się w taki sam sposób, w jaki przywłaszcza
się język obcy, a mianowicie przez tłumaczenie
Es bien sabido cómo los monjes escribieron vidas tontas de
santos católicos sobre manuscritos
Powszechnie wiadomo, jak mnisi pisali głupie żywoty
katolickich świętych na rękopisach
los manuscritos sobre los que se habían escrito las obras
clásicas del antiguo paganismo

manuskrypty, na których napisano klasyczne dzieła
starożytnego pogaństwa

**Los literatos alemanes invirtieron este proceso con la
literatura profana francesa**
Niemieccy literaci odwrócili ten proces za pomocą świeckiej
literatury francuskiej
Escribieron sus tonterías filosóficas bajo el original francés
Swoje filozoficzne bzdury pisali pod francuskim oryginałem
**Por ejemplo, debajo de la crítica francesa a las funciones
económicas del dinero, escribieron "Alienación de la
humanidad"**
Na przykład, pod francuską krytyką ekonomicznych funkcji
pieniądza, napisali "Alienację ludzkości"
**debajo de la crítica francesa al Estado burgués escribieron
"destronamiento de la categoría de general"**
Pod francuską krytyką państwa burżuazyjnego pisali
"detronizację kategorii generała"
**La introducción de estas frases filosóficas en el reverso de
las críticas históricas francesas las denominó:**
Wprowadzenie tych filozoficznych zwrotów na tyłach
francuskiej krytyki historycznej nazwali następująco:
**"Filosofía de la acción", "Socialismo verdadero", "Ciencia
alemana del socialismo", "Fundamentos filosóficos del
socialismo", etc**
"Filozofia działania", "Prawdziwy socjalizm", "Niemiecka
nauka o socjalizmie", "Filozoficzne podstawy socjalizmu" i tak
dalej
**De este modo, la literatura socialista y comunista francesa
quedó completamente castrada**
Francuska literatura socjalistyczna i komunistyczna została w
ten sposób całkowicie wykastrowana
**en manos de los filósofos alemanes dejó de expresar la lucha
de una clase con la otra**
w rękach filozofów niemieckich przestała wyrażać walkę
jednej klasy z drugą

y así los filósofos alemanes se sintieron conscientes de haber superado la "unilateralidad francesa"

W ten sposób niemieccy filozofowie mieli świadomość, że przezwyciężyli "francuską jednostronność"

no tenía que representar requisitos verdaderos, sino que representaba requisitos de verdad

Nie musiała ona reprezentować prawdziwych wymagań, ale raczej przedstawiała wymagania prawdy

no había interés en el proletariado, más bien, había interés en la Naturaleza Humana

Nie interesował się proletariatem, interesowała go raczej natura ludzka

el interés estaba en el Hombre en general, que no pertenece a ninguna clase y no tiene realidad

interesował się człowiekiem w ogóle, który nie należy do żadnej klasy i nie ma rzeczywistości

Un hombre que sólo existe en el brumoso reino de la fantasía filosófica

Człowiek, który istnieje tylko w mglistej krainie filozoficznej fantazji

pero con el tiempo este colegial socialismo alemán también perdió su inocencia pedante

ale w końcu ten uczeń niemieckiego socjalizmu również stracił swoją pedantyczną niewinność

la burguesía alemana, y especialmente la burguesía prusiana, lucharon contra la aristocracia feudal

burżuazja niemiecka, a zwłaszcza burżuazja pruska walczyła z feudalną arystokracją

la monarquía absoluta de Alemania y Prusia también estaba siendo combatida

Walka toczyła się również z monarchią absolutną Niemiec i Prus

Y a su vez, la literatura del movimiento liberal también se hizo más seria

Z kolei literatura ruchu liberalnego stała się bardziej poważna

Se le ofreció a Alemania la tan deseada oportunidad del "verdadero" socialismo

Zaoferowano Niemcom długo upragnioną szansę na "prawdziwy" socjalizm

la oportunidad de confrontar al movimiento político con las reivindicaciones socialistas

możliwość skonfrontowania ruchu politycznego z żądaniami socjalistycznymi

la oportunidad de lanzar los anatemas tradicionales contra el liberalismo

Okazja do rzucenia tradycyjnych klątw na liberalizm

la oportunidad de atacar al gobierno representativo y a la competencia burguesa

okazja do zaatakowania rządu przedstawicielskiego i burżuazyjnej konkurencji

Libertad de prensa burguesa, Legislación burguesa, Libertad e igualdad burguesa

Burżuazyjna wolność prasy, burżuazyjne ustawodawstwo, burżuazyjna wolność i równość

Todo esto ahora podría ser criticado en el mundo real, en lugar de en la fantasía

Wszystko to można by teraz krytykować w świecie rzeczywistym, a nie w fantazji

La aristocracia feudal y la monarquía absoluta habían predicado durante mucho tiempo a las masas

Feudalna arystokracja i monarchia absolutna od dawna głosiły kazania masom

"El obrero no tiene nada que perder y tiene todo que ganar"

"Człowiek pracy nie ma nic do stracenia, a ma wszystko do zyskania"

el movimiento burgués también ofrecía la oportunidad de hacer frente a estos tópicos

Ruch burżuazyjny również dawał szansę skonfrontowania się z tymi frazesami

la crítica francesa presuponía la existencia de la sociedad burguesa moderna

krytyka francuska zakładała istnienie nowoczesnego
społeczeństwa burżuazyjnego
**Las condiciones económicas de existencia de la burguesía y
la constitución política de la burguesía**
Burżuazyjne ekonomiczne warunki egzystencji i burżuazyjny
ustrój polityczny
**las mismas cosas cuya consecución era el objeto de la lucha
pendiente en Alemania**
te same rzeczy, których osiągnięcie było przedmiotem toczącej
się walki w Niemczech
**El estúpido eco del socialismo alemán abandonó estos
objetivos justo a tiempo**
Głupie echo socjalizmu w Niemczech porzuciło te cele w samą
porę
**Los gobiernos absolutos tenían sus seguidores de párrocos,
profesores, escuderos y funcionarios**
Rządy absolutne miały swoich zwolenników w postaci
proboszczów, profesorów, dziedziców i urzędników
**el gobierno de la época se enfrentó a los levantamientos de
la clase obrera alemana con azotes y balas**
ówczesny rząd odpowiedział na niemieckie powstania
robotnicze chłostą i kulami
**para ellos este socialismo servía de espantapájaros contra la
burguesía amenazadora**
Dla nich socjalizm ten był mile widzianym strachem na
wróble przed groźną burżuazją
**y el gobierno alemán pudo ofrecer un postre dulce después
de las píldoras amargas que repartió**
a rząd niemiecki był w stanie zaoferować słodki deser po
gorzkich pigułkach, które rozdał
**este "verdadero" socialismo servía así a los gobiernos como
arma para combatir a la burguesía alemana**
ten "prawdziwy" socjalizm służył więc rządom jako oręż w
walce z burżuazją niemiecką
**y, al mismo tiempo, representaba directamente un interés
reaccionario; la de los filisteos alemanes**

a jednocześnie bezpośrednio reprezentował interes reakcyjny;
Filistyni germańscy

**En Alemania, la pequeña burguesía es la verdadera base
social del actual estado de cosas**
W Niemczech drobnomieszczaństwo jest rzeczywistą
społeczną podstawą istniejącego stanu rzeczy
**Una reliquia del siglo XVI que ha ido surgiendo
constantemente bajo diversas formas**
relikt XVI wieku, który nieustannie pojawia się pod różnymi
formami
**Preservar esta clase es preservar el estado de cosas existente
en Alemania**
Zachowanie tej klasy jest równoznaczne z zachowaniem
istniejącego stanu rzeczy w Niemczech
**La supremacía industrial y política de la burguesía amenaza
a la pequeña burguesía con una destrucción segura**
Przemysłowa i polityczna supremacja burżuazji grozi
drobnomieszczaństwu pewną zagładą
**por un lado, amenaza con destruir a la pequeña burguesía a
través de la concentración del capital**
z jednej strony grozi zniszczeniem drobnomieszczaństwa
poprzez koncentrację kapitału
**por otra parte, la burguesía amenaza con destruirla mediante
el ascenso de un proletariado revolucionario**
z drugiej strony, burżuazja grozi jej zniszczeniem przez
powstanie rewolucyjnego proletariatu
**El "verdadero" socialismo parecía matar estos dos pájaros de
un tiro. Se extendió como una epidemia**
"Prawdziwy" socjalizm zdawał się upiec te dwie pieczenie na
jednym ogniu. Rozprzestrzeniał się jak epidemia
**El manto de telarañas especulativas, bordado con flores de
retórica, empapado en el rocío de un sentimiento enfermizo**
Szata ze spekulatywnych pajęczyn, wyszywana kwiatami
retoryki, przesiąknięta rosą chorobliwego sentymentu
**esta túnica trascendental en la que los socialistas alemanes
envolvían sus tristes "verdades eternas"**

ta transcendentalna szata, w którą niemieccy socjaliści owinęli
swoje żałosne "wieczne prawdy"
toda la piel y los huesos, sirvieron para aumentar
maravillosamente la venta de sus productos entre un público
tan
Cała skóra i kości, przyczyniły się do cudownego zwiększenia
sprzedaży ich towarów wśród takiej publiczności
Y por su parte, el socialismo alemán reconocía, cada vez más,
su propia vocación
Ze swej strony socjalizm niemiecki coraz bardziej uznawał
swoje powołanie
estaba llamado a ser el grandilocuente representante de la
pequeña burguesía filistea
Nazywano go bombastycznym przedstawicielem
drobnomieszczańskiego filistra
Proclamaba que la nación alemana era la nación modelo, y
que el pequeño filisteo alemán era el hombre modelo
Głosiła, że naród niemiecki jest narodem wzorcowym, a
niemiecki drobny filister wzorem człowieka
A cada maldad malvada de este hombre modelo le daba una
interpretación socialista oculta y superior
Każdej nikczemnej podłości tego wzorowego człowieka
dawało to ukrytą, wyższą, socjalistyczną interpretację
esta interpretación socialista superior era exactamente lo
contrario de su carácter real
ta wyższa, socjalistyczna interpretacja była dokładnym
przeciwieństwem jej rzeczywistego charakteru
Llegó al extremo de oponerse directamente a la tendencia
"brutalmente destructiva" del comunismo
Posunął się do skrajności, bezpośrednio sprzeciwiając się
"brutalnie destrukcyjnej" tendencji komunizmu
y proclamó su supremo e imparcial desprecio de todas las
luchas de clases
i głosiła swą najwyższą i bezstronną pogardę dla wszelkich
walk klasowych

Con muy pocas excepciones, todas las publicaciones
llamadas socialistas y comunistas que ahora (1847) circulan
en Alemania pertenecen al dominio de esta literatura sucia y
enervante

Z bardzo nielicznymi wyjątkami, wszystkie tak zwane
socjalistyczne i komunistyczne publikacje, które obecnie (1847)
krążą w Niemczech, należą do domeny tej plugawej i
wyniszczającej literatury

2) Socialismo conservador o socialismo burgués
2) Socjalizm konserwatywny lub socjalizm burżuazyjny

Una parte de la burguesía está deseosa de reparar los agravios sociales
Część burżuazji pragnie zadośćuczynić krzywdom społecznym
con el fin de asegurar la continuidad de la sociedad burguesa
w celu zapewnienia dalszego istnienia społeczeństwa burżuazyjnego
A esta sección pertenecen economistas, filántropos, humanistas
Do tej sekcji należą ekonomiści, filantropi, działacze humanitarni
mejoradores de la condición de la clase obrera y organizadores de la caridad
polepszający sytuację klasy robotniczej i organizatorzy dobroczynności
Miembros de las Sociedades para la Prevención de la Crueldad contra los Animales
członkowie stowarzyszeń na rzecz zapobiegania okrucieństwu wobec zwierząt
fanáticos de la templanza, reformadores de todo tipo imaginable
fanatycy wstrzemięźliwości, reformatorzy wszelkiego rodzaju
Esta forma de socialismo, además, ha sido elaborada en sistemas completos
Co więcej, ta forma socjalizmu została wypracowana w kompletne systemy
Podemos citar la "Philosophie de la Misère" de Proudhon como ejemplo de esta forma
Jako przykład tej formy możemy przytoczyć "Philosophie de la Misère" Proudhona
La burguesía socialista quiere todas las ventajas de las condiciones sociales modernas

Burżuazja socjalistyczna chce wszystkich dobrodziejstw nowoczesnych stosunków społecznych

pero la burguesía socialista no quiere necesariamente las luchas y los peligros resultantes

ale socjalistyczna burżuazja niekoniecznie chce wynikających z tego walk i niebezpieczeństw

Desean el estado actual de la sociedad, menos sus elementos revolucionarios y desintegradores

Pragną istniejącego stanu społeczeństwa, bez jego rewolucyjnych i rozpadających się elementów

en otras palabras, desean una burguesía sin proletariado

innymi słowy, pragną burżuazji bez proletariatu

La burguesía concibe naturalmente el mundo en el que es supremo ser el mejor

Burżuazja w naturalny sposób pojmuje świat, w którym najwyższą rzeczą jest być najlepszą

y el socialismo burgués desarrolla esta cómoda concepción en varios sistemas más o menos completos

Socjalizm burżuazyjny rozwija tę wygodną koncepcję w różne mniej lub bardziej kompletne systemy

les gustaría mucho que el proletariado marchara directamente hacia la Nueva Jerusalén social

bardzo chcieliby, aby proletariat wkroczył prosto do społecznego Nowego Jeruzalem

pero en realidad requiere que el proletariado permanezca dentro de los límites de la sociedad existente

W rzeczywistości jednak wymaga ona od proletariatu pozostawania w granicach istniejącego społeczeństwa

piden al proletariado que abandone todas sus ideas odiosas sobre la burguesía

żądają od proletariatu, aby odrzucił wszystkie swoje nienawistne idee dotyczące burżuazji

hay una segunda forma más práctica, pero menos sistemática, de este socialismo

istnieje druga, bardziej praktyczna, ale mniej systematyczna forma tego socjalizmu

Esta forma de socialismo buscaba despreciar todo movimiento revolucionario a los ojos de la clase obrera

Ta forma socjalizmu dążyła do zdeprecjonowania każdego ruchu rewolucyjnego w oczach klasy robotniczej

Argumentan que ninguna mera reforma política podría ser ventajosa para ellos

Twierdzą oni, że żadna zwykła reforma polityczna nie może być dla nich korzystna

Sólo un cambio en las condiciones materiales de existencia en las relaciones económicas es beneficioso

Tylko zmiana materialnych warunków egzystencji w stosunkach ekonomicznych jest korzystna

Al igual que el comunismo, esta forma de socialismo aboga por un cambio en las condiciones materiales de existencia

Podobnie jak komunizm, ta forma socjalizmu opowiada się za zmianą materialnych warunków egzystencji

sin embargo, esta forma de socialismo no sugiere en modo alguno la abolición de las relaciones de producción burguesas

Ta forma socjalizmu nie oznacza jednak bynajmniej zniesienia burżuazyjnych stosunków produkcji

la abolición de las relaciones de producción burguesas sólo puede lograrse mediante una revolución

zniesienie burżuazyjnych stosunków produkcji może być osiągnięte tylko przez rewolucję

Pero en lugar de una revolución, esta forma de socialismo sugiere reformas administrativas

Ale zamiast rewolucji, ta forma socjalizmu sugeruje reformy administracyjne

y estas reformas administrativas se basarían en la continuidad de estas relaciones

A te reformy administracyjne opierałyby się na dalszym istnieniu tych stosunków

reformas, por lo tanto, que no afectan en ningún aspecto a las relaciones entre el capital y el trabajo

reformy, które w żaden sposób nie wpływają na stosunki między kapitałem a pracą,

en el mejor de los casos, tales reformas disminuyen el costo y simplifican el trabajo administrativo del gobierno burgués

w najlepszym razie takie reformy zmniejszają koszty i upraszczają pracę administracyjną rządu burżuazyjnego

El socialismo burgués alcanza una expresión adecuada cuando, y sólo cuando, se convierte en una mera figura retórica

Socjalizm burżuazyjny osiąga adekwatny wyraz wtedy i tylko wtedy, gdy staje się zwykłą figurą retoryczną

Libre comercio: en beneficio de la clase obrera

Wolny handel: z korzyścią dla klasy robotniczej

Deberes protectores: en beneficio de la clase obrera

Obowiązki ochronne: na rzecz klasy robotniczej

Reforma Penitenciaria: en beneficio de la clase trabajadora

Reforma więziennictwa: z korzyścią dla klasy robotniczej

Esta es la última palabra y la única palabra seria del socialismo burgués

Jest to ostatnie słowo i jedyne poważnie rozumiane słowo burżuazyjnego socjalizmu

Se resume en la frase: la burguesía es una burguesía en beneficio de la clase obrera

Streszcza się to w zdaniu: burżuazja jest burżuazją dla dobra klasy robotniczej

3) Socialismo crítico-utópico y comunismo
3) Socjalizm krytyczno-utopijny i komunizm

No nos referimos aquí a esa literatura que siempre ha dado voz a las reivindicaciones del proletariado
Nie odwołujemy się tu do tej literatury, która zawsze wyrażała żądania proletariatu

esto ha estado presente en todas las grandes revoluciones modernas, como los escritos de Babeuf y otros
było to obecne w każdej wielkiej rewolucji nowożytnej, takiej jak pisma Babeufa i innych

Las primeras tentativas directas del proletariado para alcanzar sus propios fines fracasaron necesariamente
Pierwsze bezpośrednie próby proletariatu osiągnięcia własnych celów z konieczności zakończyły się niepowodzeniem

Estos intentos se hicieron en tiempos de excitación universal, cuando la sociedad feudal estaba siendo derrocada
Próby te podejmowano w czasach powszechnego podniecenia, kiedy obalano społeczeństwo feudalne

El entonces subdesarrollado del proletariado llevó a que fracasaran esos intentos
Nierozwinięty wówczas stan proletariatu doprowadził do niepowodzenia tych prób

y fracasaron por la ausencia de las condiciones económicas para su emancipación
i nie powiodły się z powodu braku ekonomicznych warunków do jego emancypacji

condiciones que aún no se habían producido, y que sólo podían ser producidas por la inminente época de la burguesía
warunki, które jeszcze nie zostały wytworzone, a które mogły być wytworzone przez samą nadchodzącą epokę burżuazji

La literatúra revolucionaria que acompañó a estos primeros movimientos del proletariado tuvo necesariamente un carácter reaccionario

Literatura rewolucyjna, która towarzyszyła tym pierwszym ruchom proletariatu, miała z konieczności charakter reakcyjny

Esta literatura inculcó el ascetismo universal y la nivelación social en su forma más cruda

Literatura ta wpajała powszechną ascezę i społeczne wyrównywanie w jego najbardziej prymitywnej formie

Los sistemas socialista y comunista, propiamente dichos, surgen en el período temprano no desarrollado

Systemy socjalistyczny i komunistyczny, tak zwane, powstały we wczesnym, nierozwiniętym okresie

Saint-Simon, Fourier, Owen y otros, describieron la lucha entre el proletariado y la burguesía (ver sección 1)

Saint-Simon, Fourier, Owen i inni, opisywali walkę między proletariatem a burżuazją (patrz rozdział 1)

Los fundadores de estos sistemas ven, en efecto, los antagonismos de clase

Założyciele tych systemów widzą w istocie przeciwieństwa klasowe

también ven la acción de los elementos en descomposición, en la forma predominante de la sociedad

Widzą też działanie rozkładających się elementów w panującej formie społeczeństwa

Pero el proletariado, todavía en su infancia, les ofrece el espectáculo de una clase sin ninguna iniciativa histórica

Ale proletariat, jeszcze w powijakach, oferuje im widowisko klasy pozbawionej żadnej inicjatywy historycznej

Ven el espectáculo de una clase social sin ningún movimiento político independiente

Widzą spektakl klasy społecznej bez żadnego niezależnego ruchu politycznego

El desarrollo del antagonismo de clase sigue el mismo ritmo que el desarrollo de la industria

Rozwój przeciwieństw klasowych dotrzymuje kroku rozwojowi przemysłu

De modo que la situación económica no les ofrece todavía las condiciones materiales para la emancipación del proletariado

Tak więc sytuacja ekonomiczna nie stwarza im jeszcze materialnych warunków do wyzwolenia proletariatu

Por lo tanto, buscan una nueva ciencia social, nuevas leyes sociales, que creen estas condiciones

Poszukują więc nowej nauki społecznej, nowych praw społecznych, które stworzą te warunki

acción histórica es ceder a su acción inventiva personal

Działanie historyczne polega na ustąpieniu miejsca ich osobistemu działaniu wynalazczemu

Las condiciones de emancipación creadas históricamente han de ceder ante condiciones fantásticas

historycznie stworzone warunki emancypacji mają ustąpić miejsca fantastycznym warunkom

y la organización gradual y espontánea de clase del proletariado debe ceder ante la organización de la sociedad

Stopniowa, spontaniczna organizacja klasowa proletariatu ma ustąpić miejsca organizacji społeczeństwa

la organización de la sociedad especialmente ideada por estos inventores

organizacja społeczeństwa specjalnie wymyślona przez tych wynalazców

La historia futura se resuelve, a sus ojos, en la propaganda y en la realización práctica de sus planes sociales

Przyszła historia sprowadza się w ich oczach do propagandy i praktycznej realizacji ich planów społecznych

En la formación de sus planes son conscientes de preocuparse principalmente por los intereses de la clase obrera

Tworząc swoje plany, są świadomi tego, że troszczą się przede wszystkim o interesy klasy robotniczej

Sólo desde el punto de vista de ser la clase más sufriente existe el proletariado para ellos

Proletariat istnieje dla nich tylko z punktu widzenia bycia klasą najbardziej cierpiącą

El estado subdesarrollado de la lucha de clases y su propio entorno informan sus opiniones

Nierozwinięty stan walki klasowej i ich własne otoczenie kształtują ich opinie

Los socialistas de este tipo se consideran muy superiores a todos los antagonismos de clase

Socjaliści tego rodzaju uważają się za znacznie lepszych od wszelkich przeciwieństw klasowych

Quieren mejorar la condición de todos los miembros de la sociedad, incluso la de los más favorecidos

Chcą poprawić sytuację każdego członka społeczeństwa, nawet najbardziej uprzywilejowanego

De ahí que habitualmente atraigan a la sociedad en general, sin distinción de clase

Stąd też zwykle przemawiają do ogółu społeczeństwa, bez różnicy klasowej

Es más, apelan a la sociedad en general con preferencia a la clase dominante

Co więcej, odwołują się do ogółu społeczeństwa, preferując klasę rządzącą

Para ellos, todo lo que se requiere es que los demás entiendan su sistema

Dla nich wszystko, czego potrzeba, to aby inni zrozumieli ich system

Porque, ¿cómo puede la gente no ver que el mejor plan posible es para el mejor estado posible de la sociedad?

Bo jak ludzie mogą nie widzieć, że najlepszym możliwym planem jest jak najlepszy stan społeczeństwa?

Por lo tanto, rechazan toda acción política, y especialmente toda acción revolucionaria

Dlatego odrzucają wszelkie działania polityczne, a zwłaszcza rewolucyjne desean alcanzar sus fines por medios pacíficos

pragną osiągnąć swoje cele środkami pokojowymi

se esfuerzan, mediante pequeños experimentos, que están
necesariamente condenados al fracaso

Usiłują to za pomocą małych eksperymentów, które z
konieczności są skazane na niepowodzenie

y con la fuerza del ejemplo tratan de abrir el camino al
nuevo Evangelio social

i mocą przykładu starają się utorować drogę nowej Ewangelii
społecznej

Cuadros tan fantásticos de la sociedad futura, pintados en un
momento en que el proletariado se encuentra todavía en un
estado muy subdesarrollado

Takie fantastyczne obrazy przyszłego społeczeństwa,
malowane w czasie, gdy proletariat znajduje się jeszcze w
bardzo nierozwiniętym stanie

y todavía no tiene más que una concepción fantástica de su
propia posición

i wciąż ma tylko fantastyczne pojęcie o swoim położeniu

pero sus primeros anhelos instintivos corresponden a los
anhelos del proletariado

ale ich pierwsze instynktowne tęsknoty odpowiadają
tęsknocie proletariatu

Ambos anhelan una reconstrucción general de la sociedad

Jedni i drudzy pragną ogólnej przebudowy społeczeństwa

Pero estas publicaciones socialistas y comunistas también
contienen un elemento crítico

Ale te socjalistyczne i komunistyczne publikacje zawierają
również element krytyczny

Atacan todos los principios de la sociedad existente

Atakują każdą zasadę istniejącego społeczeństwa

De ahí que estén llenos de los materiales más valiosos para
la ilustración de la clase obrera

Stąd są one pełne najcenniejszych materiałów dla oświecenia
klasy robotniczej

Proponen la abolición de la distinción entre la ciudad y el campo, y la familia

Proponują zniesienie rozróżnienia między miastem a wsią i rodziną

la supresión de la explotación de industrias por cuenta de los particulares

zniesienie prowadzenia działalności gospodarczej na rachunek osób prywatnych

y la abolición del sistema salarial y la proclamación de la armonía social

zniesienie systemu płac i proklamowanie harmonii społecznej

la conversión de las funciones del Estado en una mera superintendencia de la producción

przekształcenie funkcji państwa w zwykły nadzór nad produkcją

Todas estas propuestas, apuntan únicamente a la desaparición de los antagonismos de clase

Wszystkie te propozycje wskazują jedynie na zanik przeciwieństw klasowych

Los antagonismos de clase estaban, en ese momento, apenas surgiendo

Antagonizmy klasowe dopiero się wówczas pojawiały

En estas publicaciones estos antagonismos de clase se reconocen sólo en sus formas más tempranas, indistintas e indefinidas

W publikacjach tych przeciwieństwa klasowe są rozpoznawane tylko w ich najwcześniejszych, niewyraźnych i nieokreślonych formach

Estas propuestas, por lo tanto, son de carácter puramente utópico

Propozycje te mają więc charakter czysto utopijny

La importancia del socialismo crítico-utópico y del comunismo guarda una relación inversa con el desarrollo histórico

Znaczenie krytyczno-utopijnego socjalizmu i komunizmu pozostaje w odwrotnym stosunku do rozwoju historycznego

La lucha de clases moderna se desarrollará y continuará tomando forma definitiva

Współczesna walka klasowa będzie się rozwijać i nadal przybierać określony kształt

Esta fantástica posición del concurso perderá todo valor práctico

Ta fantastyczna pozycja z konkursu straci wszelką wartość praktyczną

Estos fantásticos ataques a los antagonismos de clase perderán toda justificación teórica

Te fantastyczne ataki na antagonizmy klasowe stracą wszelkie teoretyczne uzasadnienie

Los creadores de estos sistemas fueron, en muchos aspectos, revolucionarios

Pomysłodawcy tych systemów byli pod wieloma względami rewolucyjni

pero sus discípulos han formado, en todos los casos, meras sectas reaccionarias

Ale ich uczniowie w każdym przypadku tworzyli jedynie reakcyjne sekty

Se aferran firmemente a los puntos de vista originales de sus amos

Trzymają się mocno oryginalnych poglądów swoich mistrzów

Pero estos puntos de vista se oponen al desarrollo histórico progresivo del proletariado

Poglądy te stoją jednak w opozycji do postępującego rozwoju historycznego proletariatu

Por lo tanto, se esfuerzan, y eso de manera consecuente, por amortiguar la lucha de clases

Usiłują więc, i to konsekwentnie, zagłuszyć walkę klasową

y se esfuerzan constantemente por reconciliar los antagonismos de clase

i konsekwentnie dążą do pogodzenia przeciwieństw klasowych

Todavía sueñan con la realización experimental de sus utopías sociales

Wciąż marzą o eksperymentalnej realizacji swoich
społecznych utopii
**todavía sueñan con fundar "falansterios" aislados y
establecer "colonias domésticas"**
wciąż marzą o założeniu odizolowanych "falansterów" i
założeniu "kolonii domowych"
**sueñan con establecer una "Pequeña Icaria": ediciones
duodécimas de la Nueva Jerusalén**
marzą o założeniu "Małej Ikarii" – duodecimo wydań Nowego
Jeruzalem
y sueñan con realizar todos estos castillos en el aire
i marzą o tym, by zrealizować wszystkie te zamki w
powietrzu
**se ven obligados a apelar a los sentimientos y a las carteras
de los burgueses**
Są zmuszeni odwoływać się do uczuć i portfeli burżuazji
**Poco a poco se hunden en la categoría de los socialistas
conservadores reaccionarios descritos anteriormente**
Stopniowo pogrążają się oni w kategorii reakcyjnych
konserwatywnych socjalistów przedstawionych powyżej
**sólo se diferencian de ellos por una pedantería más
sistemática**
Różnią się od nich jedynie bardziej systematyczną pedanterią
**y se diferencian por su creencia fanática y supersticiosa en
los efectos milagrosos de su ciencia social**
Różnią się fanatyczną i zabobonną wiarą w cudowne działanie
nauk społecznych
**Por lo tanto, se oponen violentamente a toda acción política
por parte de la clase obrera**
Dlatego gwałtownie sprzeciwiają się wszelkim działaniom
politycznym ze strony klasy robotniczej
**tal acción, según ellos, sólo puede ser el resultado de una
ciega incredulidad en el nuevo Evangelio**
takie działanie, według nich, może wynikać jedynie ze ślepej
niewiary w nową Ewangelię

Los owenistas en Inglaterra y los fourieristas en Francia, respectivamente, se oponen a los cartistas y a los reformistas
Owenici w Anglii i fourieryści we Francji przeciwstawiają się czartystom i "réformistes"

Posición de los comunistas en relación con los diversos partidos de oposición existentes

Stanowisko komunistów wobec różnych istniejących partii opozycyjnych

La sección II ha dejado claras las relaciones de los comunistas con los partidos obreros existentes

Rozdział II jasno określił stosunek komunistów do istniejących partii robotniczych

como los cartistas en Inglaterra y los reformadores agrarios en América

takich jak czartyści w Anglii i reformatorzy rolni w Ameryce

Los comunistas luchan por el logro de los objetivos inmediatos

Komuniści walczą o osiągnięcie doraźnych celów

Luchan por la imposición de los intereses momentáneos de la clase obrera

Walczą o egzekwowanie chwilowych interesów klasy robotniczej

Pero en el movimiento político del presente, también representan y cuidan el futuro de ese movimiento

Ale w obecnym ruchu politycznym reprezentują i troszczą się o przyszłość tego ruchu

En Francia, los comunistas se alían con los socialdemócratas

We Francji komuniści sprzymierzyli się z socjaldemokratami

y se posicionan contra la burguesía conservadora y radical

i przeciwstawiają się konserwatywnej i radykalnej burżuazji

sin embargo, se reservan el derecho de tomar una posición crítica respecto de las frases e ilusiones tradicionalmente transmitidas desde la gran Revolución

Zastrzegają sobie jednak prawo do zajęcia krytycznego stanowiska wobec frazesów i złudzeń tradycyjnie przekazywanych przez wielką rewolucję

En Suiza apoyan a los radicales, sin perder de vista que este partido está formado por elementos antagónicos

W Szwajcarii popierają radykałów, nie tracąc z oczu faktu, że
partia ta składa się z elementów antagonistycznych
**en parte de los socialistas democráticos, en el sentido
francés, en parte de la burguesía radical**
częściowo demokratycznych socjalistów w sensie francuskim,
częściowo radykalnej burżuazji
**En Polonia apoyan al partido que insiste en la revolución
agraria como condición primordial para la emancipación
nacional**
W Polsce popierają partię, która upiera się przy rewolucji
agrarnej jako podstawowym warunku narodowej emancypacji
el partido que fomentó la insurrección de Cracovia en 1846
stronnictwo, które wznieciło powstanie krakowskie w 1846 r.
**En Alemania luchan con la burguesía cada vez que ésta actúa
de manera revolucionaria**
W Niemczech walczą z burżuazją, ilekroć działa ona w sposób
rewolucyjny
**contra la monarquía absoluta, la nobleza feudal y la pequeña
burguesía**
przeciwko monarchii absolutnej, feudalnej giermku i
drobnomieszczaństwu
**Pero no cesan, ni por un solo instante, de inculcar en la clase
obrera una idea particular**
Ale nigdy nie przestają ani na chwilę zaszczepiać w klasie
robotniczej jednej szczególnej idei
**el reconocimiento más claro posible del antagonismo hostil
entre la burguesía y el proletariado**
jak najwyraźniejsze uznanie wrogiego antagonizmu między
burżuazją a proletariatem
**para que los obreros alemanes puedan utilizar
inmediatamente las armas de que disponen**
aby robotnicy niemieccy mogli od razu użyć broni, którą
dysponują,
**las condiciones sociales y políticas que la burguesía debe
introducir necesariamente junto con su supremacía**

warunki społeczne i polityczne, które burżuazja musi
koniecznie wprowadzić wraz ze swoją supremacją
la caída de las clases reaccionarias en Alemania es inevitable
upadek klas reakcyjnych w Niemczech jest nieunikniony
**y entonces la lucha contra la burguesía misma puede
comenzar inmediatamente**
i wtedy walka z samą burżuazją może się natychmiast
rozpocząć
**Los comunistas dirigen su atención principalmente a
Alemania, porque este país está en vísperas de una
revolución burguesa**
Komuniści zwracają uwagę głównie na Niemcy, ponieważ
kraj ten znajduje się w przededniu rewolucji burżuazyjnej
**una revolución que está destinada a llevarse a cabo en las
condiciones más avanzadas de la civilización europea**
rewolucja, która z pewnością zostanie przeprowadzona w
bardziej zaawansowanych warunkach cywilizacji europejskiej
**y está destinado a llevarse a cabo con un proletariado mucho
más desarrollado**
i musi być przeprowadzona z dużo bardziej rozwiniętym
proletariatem
**un proletariado más avanzado que el de Inglaterra en el
XVII y el de Francia en el siglo XVIII**
proletariat bardziej zaawansowany niż Anglia w XVII wieku,
a Francja w XVIII wieku
**y porque la revolución burguesa en Alemania no será más
que el preludio de una revolución proletaria
inmediatamente posterior**
i dlatego, że rewolucja burżuazyjna w Niemczech będzie tylko
preludium do następującej bezpośrednio po niej rewolucji
proletariackiej
**En resumen, los comunistas apoyan en todas partes todo
movimiento revolucionario contra el orden social y político
existente**

Krótko mówiąc, komuniści wszędzie popierają każdy ruch
rewolucyjny przeciwko istniejącemu społecznemu i
politycznemu porządkowi rzeczy

**En todos estos movimientos ponen en primer plano, como
cuestión principal en cada uno de ellos, la cuestión de la
propiedad**

We wszystkich tych ruchach wysuwają na pierwszy plan, jako
pytanie wiodące w każdym z nich, kwestię własności

**no importa cuál sea su grado de desarrollo en ese país en ese
momento**

bez względu na to, jaki jest stopień jego rozwoju w danym
kraju w danym momencie

**Finalmente, trabajan en todas partes por la unión y el
acuerdo de los partidos democráticos de todos los países**

Wreszcie, wszędzie pracują na rzecz unii i porozumienia partii
demokratycznych wszystkich krajów

**Los comunistas desdeñan ocultar sus puntos de vista y sus
objetivos**

Komuniści gardzą ukrywaniem swoich poglądów i celów

**Declaran abiertamente que sus fines sólo pueden alcanzarse
mediante el derrocamiento por la fuerza de todas las
condiciones sociales existentes**

Otwarcie oświadczają, że ich cele mogą być osiągnięte jedynie
przez obalenie przemocą wszystkich istniejących stosunków
społecznych

**Que las clases dominantes tiemblen ante una revolución
comunista**

Niech klasy panujące drżą przed rewolucją komunistyczną

**Los proletarios no tienen nada que perder más que sus
cadenas**

Proletariusze nie mają nic do stracenia poza swoimi
łańcuchami

Tienen un mundo que ganar

Mają świat do wygrania

¡TRABAJADORES DE TODOS LOS PAÍSES, UNÍOS!

ROBOTNICY WSZYSTKICH KRAJÓW, ŁĄCZCIE SIĘ!